にほんごって
すごい！

超古代文字が教えてくれる
サヌキ【男】アワ【女】
しあわせの智恵

はじめてのカタカムナ

板垣昭子
Akiko Itagaki

BAB JAPAN

【五首】

にほんごの　もと　カタカムナの　うた。
うずまきの　まんなかから
こえにだして　ぐるぐる　よんでみてね。

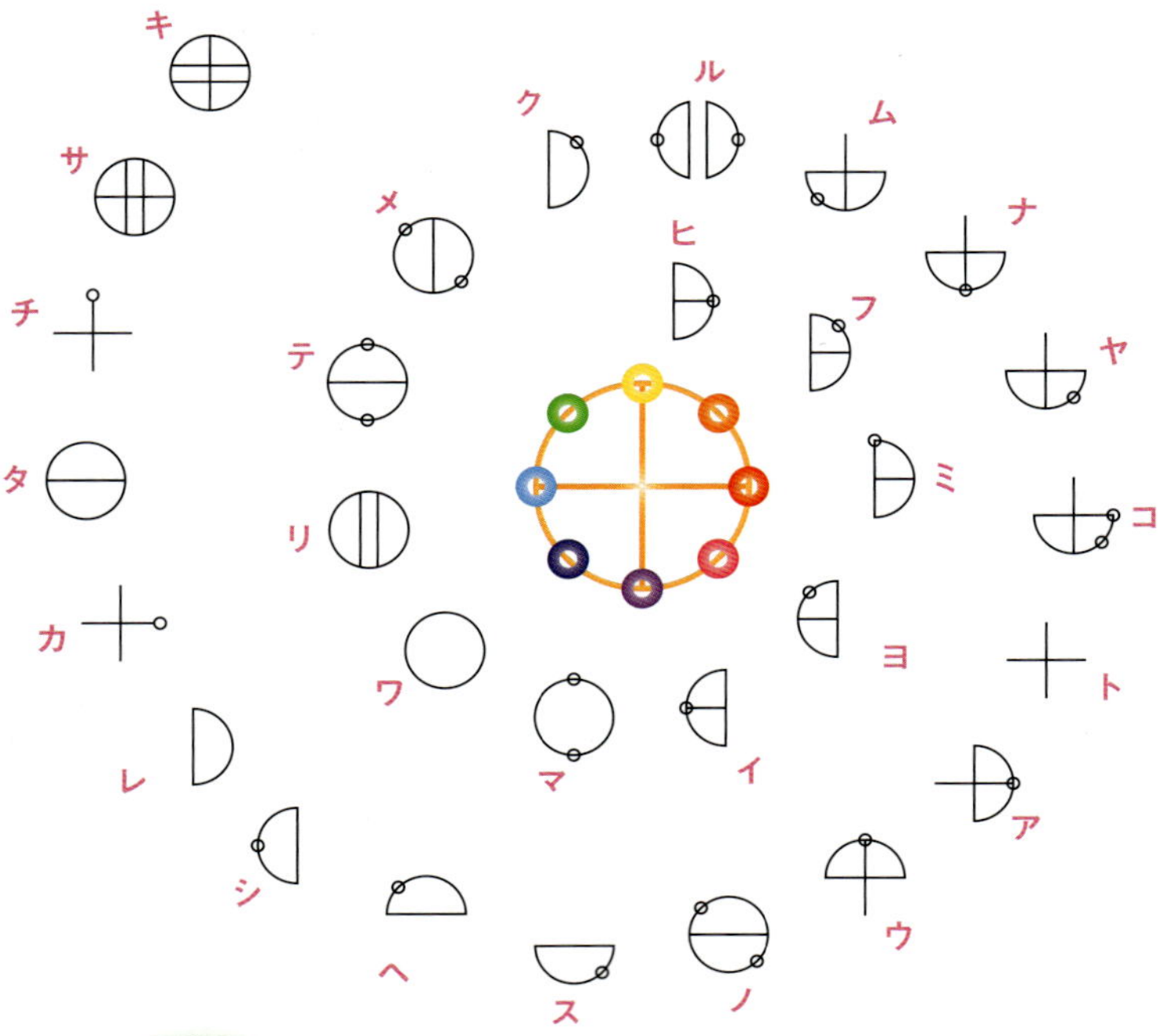

【六首】

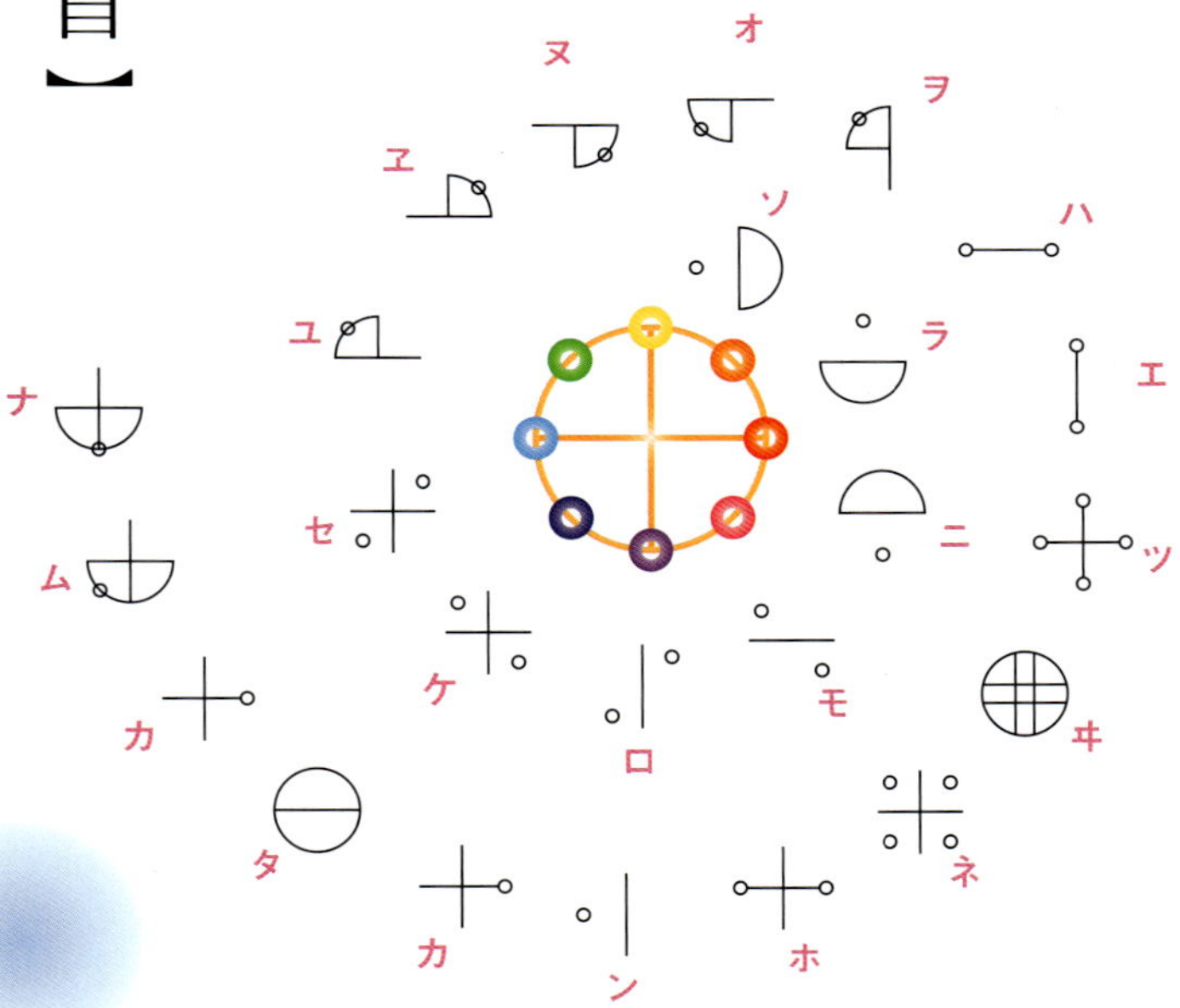

ソ
ラ
ニ
モ
ロ
ケ
セ
ユ
ヱ
ヌ
オ
ヲ
ハ
エ
ツ
ヰ
ネ
ホ
ン
カ
タ
カ
ム
ナ

「カタカムナ」って、一体何？

カタカムナ入門のための、基本の「キ」のご紹介。

全部で四十八の音でできている

四十八音あり、ひとつひとつに意味を持つ。大昔、自然の中で暮らしていた人たちがつくった音を感じる言葉。

原子や宇宙と同じつくり

カタカムナの文字は立体を表している。大円と小円は原子核や電子、陽子など原子の構造を、縦軸と横軸は公転と自転を表し、惑星の動きを示し、ミクロもマクロも表現している。

さまざまな分野で応用

世界は相似象、つまりすべてがよく似た構造になっている。その原理原則は、天文、物理、化学、農業、操体法、心理などあらゆる場面で応用して使われている。

世界中のマークと似ている

ネイティブ・アメリカンのシンボルマークや世界中の紋章にも共通するものが多い。

はじめに

はじめに

古代の文字をひもとき
伝えてくださった、たくさんの先人の方々に
深く感謝いたします。
今の時代にあって
自分の子どもたちをふくめて
子どもたちに日本語にある
とてつもない奥深さと
そこに残された叡智を
少しだけでも伝えたいと思います。
そうして日本と日本語と
自分たちの、ゆたかな感受性に

誇りを持ってもらいたいと願います。
天然自然と直観にもとづいた
音の響きで世界がつらなりますように。
カタカムナ文字をみて
「なんとなく覚えてる！」
「読めるよ！」
「こういうことが書いてあるんだよ！」
そんな子どもたちが
すでに生まれているであろうことを信じます。
敬意とともに。

板垣昭子

目次

01 はじめまして

02 銀河のような渦を描く不思議な文字

03
わたしとカタカムナ

04
「あ」「い」「う」「え」「お」母音的な言葉のチカラ

05

基本のサヌキアワ

06

音の響き

07 カタカムナの背景にあるもの

08 基本のウタをもう少し

09 サヌキアワの活かし方

10 サヌキアワ 四相《トヨ》のサトリ

01

はじめまして

淡路島から女性たちへ

はじめまして、板垣昭子といいます。兵庫県神戸市の生まれで、２００６年からは家族で淡路島に住んでいます。

この本で紹介する「カタカムナ」は、縄文時代より前から存在するといわれている超古代文字のひとつです。手がかりとなった唯一の文献は、第二次世界大戦後に神戸の六甲山で見つかったとされていますが、昔から一般には手に入らない資料などがあるのみで、各地でひっそりと学ばれていたようです。私もカタカムナに出会った頃、カタカムナはくれぐれも「表に出してはいけない」と聞いていましたし、教わろうにも先生もなかなかおられず、内容もとても難しいものと感じていました。

ところが淡路島に引っ越して来て、子育てが一段落した頃から、カタカムナ文字のこと、その文献に出てくる「サヌキアワ」と呼ばれる「男性性・女性性」のお話を少しずつさせてもらうようになっていきました。友人たちの集まりから始まって、カタカムナとともにご縁のあった心理学のカード占いや数秘術など親しみやすいことも取り混ぜながらの、女性たちが中心のお話会のような感じです。

私にとってカタカムナで教えてもらったサヌキアワのことは、〝学び〟というより〝実用〟

として、実際の暮らしにとても役立った内容でした。もし知らなかったら、結婚や育児は成り立たなかったかもしれないといまだに思うほどです。

それでこのサヌキアワのことを、とくに女性たちにお届けできればという気持ちで、機会があればお話させてもらっています。

なんだか分からないけど気になる

そうして各地でお伝えしていると、不思議と「思い出す」というか、まずカタカムナという音の響きに反応してくださる方たちに出会います。なんとなくでも、「やっぱり日本語って大事なのじゃないか」と感じて、またはカタカムナって「なんだか分からないけど気になる」と集まってくださる方は、実はそもそもカタカムナが何なのかを、ご存じなのではないかと思うのです。

私たちは毎日、日本語を使ってコミュニケーションをしています。何気なく使いながらも意識のどこかで、その〝失われたルーツ〟を覚えているのかもしれません。そしておそらく、それがどうしてなのかをお互いに思い出すために、さまざまな出会いがあるのではないかと感じています。

この本では、できるだけ効率よく思い出してもらえるよう、直観に従っていろいろな角度からお伝えしていきたいと思います。

カタカムナのお話会は「ひとつめ」から

カタカムナのお話会は、最初は「ひとつめ」だけから始まりました。「ひとつめ」は、カタカムナ概要として全体像をお伝えしています。それから自然と「ふたつめ」が生まれました。そこでは、サヌキアワ実践編・パートナーシップと子育てについてを心理学的に扱います。「みっつめ」では、七代先までの未来をみていくという、カタカムナからインスピレーションを得た不思議な内容になっています。そして今では「よっつめ」、愛と豊かさの循環をテーマにした流れまでができあがり、各地で順番に深めています。この本は、おもに「ひとつめ」の内容がもとになっています。

カタカムナのお話会はありがたいことに、自然と数珠つなぎになっていて、ご参加くださった方の中から次にどこかにお呼びいただく人が出てくださり、お声がけのままに動かせてもらっています。そんなふうに北海道から沖縄まで、いつのまにか海外も合わせて、今までに一万名を超える方々に聴いていただきました。

サヌキ＝男性性、アワ＝女性性

「サヌキアワ」についてのお話を始めたのは、育児中にも続けていた心理学のカード占いのセッションがきっかけでした。セッションのご相談内容はパートナーシップ、彼氏さんやダンナ様とのことが多くあります。

パートナーシップについては、心理学でいう「男性性・女性性」のお話をすることが多いのですが、そのままの表現だと、いかにも考え方自体が西洋的で、「翻訳されたもの」のように聞こえるなあと感じていました。それでいつの間にか、「日本には昔からカタカムナというものがあってね。関西では〝サヌキ男にアワ女〟って言うでしょう？」というようなお話を、毎回するようになりました。

我ながら、「カタカムナ」と「心理学」という、まったくジャンルの異なる学びのつながりを不思議に思っていたのですが、「サヌキアワ」と表現すれば、おそらくその響きだけで、「もともと知っている」ことを思い出されるからだと気がつきました。

古く地名にまで残っていて、「讃岐うどん」や「阿波踊り」として四国地方の名物になっているほど、私たちは「男性性・女性性」についての捉え方を、民族としては生まれる前から知っているのかもしれないのです。そのことがサヌキアワという音を聴けば思い出されて、心と身体に響くようだと感じました。

私たちはもともと知っていて、「輸入された男性性、女性性、パートナーシップの概念を後づけで学んだのではない」ということが腑に落ちるからこそ、サヌキアワの音をいつもお伝えしているのだと思います。

新しい人たちへ

また私の印象では、20年以上前にカタカムナを勉強されていたのはおもに年輩の男性方でした。電気や物理の理解がある方ほど、今の最先端の分野でやっと少しずつ明らかになってきているようなことを、じつは超古代の人たちは熟知していたという、そのことにインパクトを感じていらしたのだと思います。

「物理学の下地がないとカタカムナは分からない」と私も感じていましたし、確かにとても難しくも捉えられます。ただ一方でカタカムナは、きっと日本語のもとになったものであって、それは私たちが毎日交わしている言葉でもあります。響きだけなら小さい子どもにも分かるのに、そもそもその存在すらほとんど知られていません。

そして本来、カタカムナは「女性が学ぶべきもの」とされていたといわれます。さらにはむしろ小さい子どもたち、つまり「新しい人たち」のほうが、感覚でつかみやすいのではと私は思っています。将来的には彼らの中から新しい読み解き、実用の仕方が出てくるのではないかと、そのことに大きな希望をもっています。

カタカムナを知る意味

日本語は一音一音に意味があります。また、そのもとになったかもしれない超古代文字があり、それは生命や宇宙の成り立ちについて、日本語を話す人々の独特な感性について、女性の生き方や、人間の在りようについて根源的なことを記し、遺してくれているものでもあります。

学校では教わらなかったその存在だけでも知ってもらえれば、私自身がそうであったように、自分自身のルーツ、土台となる根っこの存在を大きく見直せるのではないかなと思います。生まれ育った土地である故郷やお家柄、性別や母国語について誇りを持ち、またそれらを本質的に受け入れられたとき、その根から伸びていく幹や枝葉は、よりのびのびと自信に満ちたものになるはずです。

今、この変わり目の時代に、日本語を話すすべての人へ。直接にはお会いできない方々にも、少しでもお届けできましたら本当にありがたく思います。

カタカムナ 独特の表現について

●漢字で書くと意味が限定されてしまうため、カタカムナでは「トキ」「トコロ」のように、カタカナのまま表記することが多くなります。
●一音一音の文字のことを「声音符（せいおんふ）、音が合わされた文字のことを「図象符（ずしょうふ）」といいます。
●一音ずつの意味やニュアンスのことを「思念（しねん）」といいます。

声音符（せいおんふ）

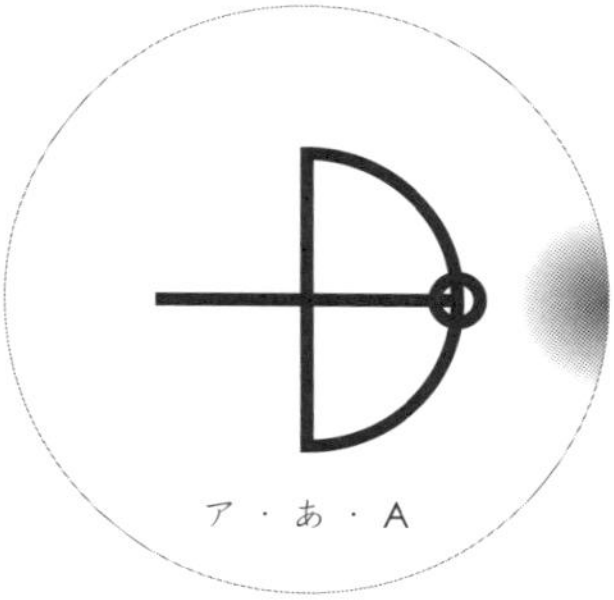

思念（しねん）

【例】ア

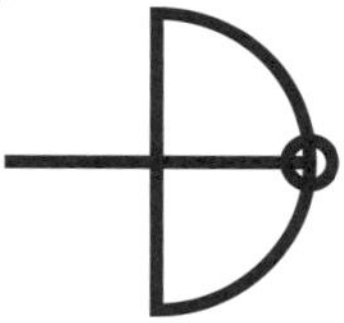

ア・あ・A

感じるもの　在る　生命
あらゆる　あまねく　あらわれる
始まり　あらたに　明るい
アマ　天　海　女　尼　雨　甘
アワ　アカ　アオ　アメ　アケ
アサ　アシ　アネ　アヤ

図象符（ずしょうふ）

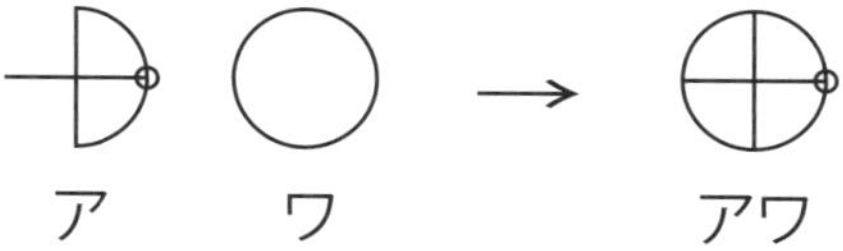

02

銀河のような渦を描く不思議な文字

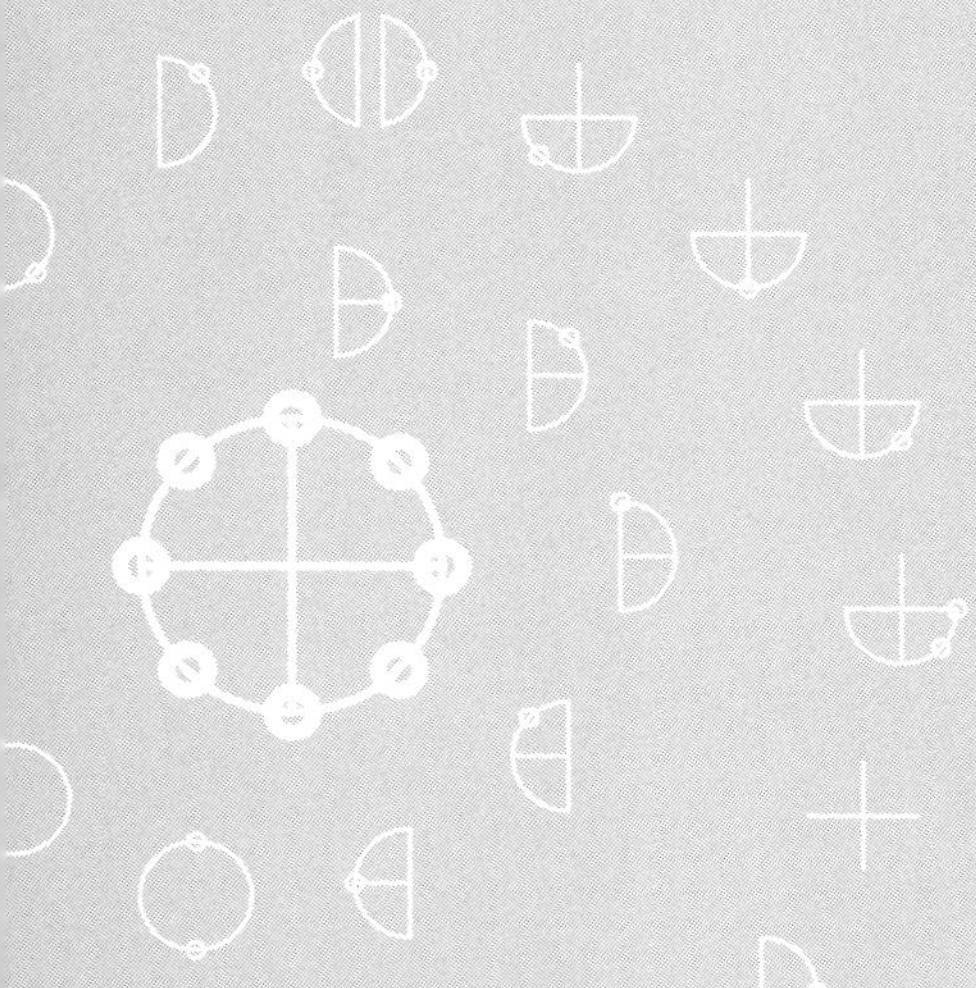

真ん中から読む、渦に記された文字

いったいカタカムナって何のことなのか、まず最初に文字そのものの不思議さをおおまかにお伝えしていきますね。

教科書には出てこないけれども、じつは縄文時代以前にあったのではといわれる「神代文字（かみよもじ・じんだいもじ）」、「超古代文字」などと呼ばれるものには、古事記や日本書紀のもとかもしれないといわれる『ホツマツタヱ』で記された「ヲシテ文字」や、各地の神社でも用いられている「アヒルクサ文字」など、いくつもの種類があります。

そもそも超古代ってどれくらい古いのかというと、おそらく一万年以上前のものではといわれ、物証はあるかなどはっきりしないのが現状です。またカタカムナに関しては各専門分野に先生方がいらっしゃって、電気物理や食の分野、農業、身体法など、突きつめておられる方向もさまざまです。

カタカムナという古代文字がどう独特なのかというと、まずこの丸いシンボルたちは渦のように描かれていて、それらを真ん中から外へ向かって読むというところです。これらのひとまとまりの渦を「百人一首」のように一首、二首と数え、「ウタヒ」と呼びます。今のところ世に出ている「カタカムナ　ウタヒ」は八十首あるとされていて、そのうちこの本でご紹介するのは第五首、第六首の二つです。これは一つのマークにつき一つの音があてられているもので、基本の歌として「ホグシウタ」と呼ばれます。

文字どおり「ほぐす」ということは、この二首が読みほぐすためのカギになっていて、すべての歌の解読のもとになりますのでいつもお伝えしています。

「タテやヨコではなく、渦に描く」という、世界でも類を見ない文字で、この銀河のような美しいデザインが私自身は大好きなのですが、ここでまず、この「カタカムナウタヒ・第五首、第六首」の全体像についてみていきましょう。

次ページの図ではそれぞれのシンボルの横に、小さく読み仮名を書き入れています。できれば何度か、小さく声に出して音読してみていただければと思います。

〈 第五首 〉

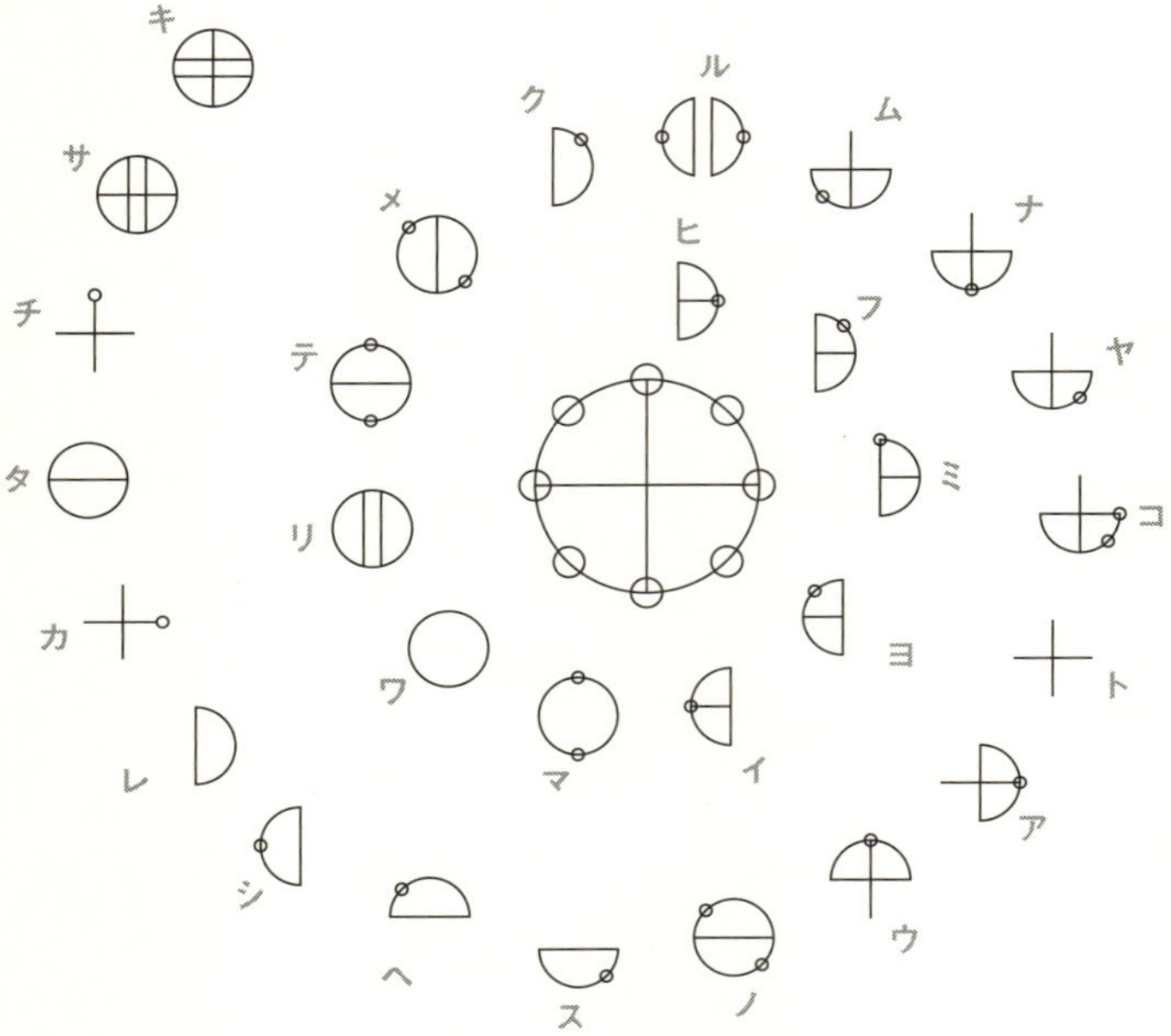

第五首・第六首

ヒフミヨイ
マワリテメクル
ムナヤコト
アウノスヘシレ
カタチサキ

ソラニモロケセ
ユヱヌオヲ
ハエツヰネホン
カタカムナ

〈 第六首 〉

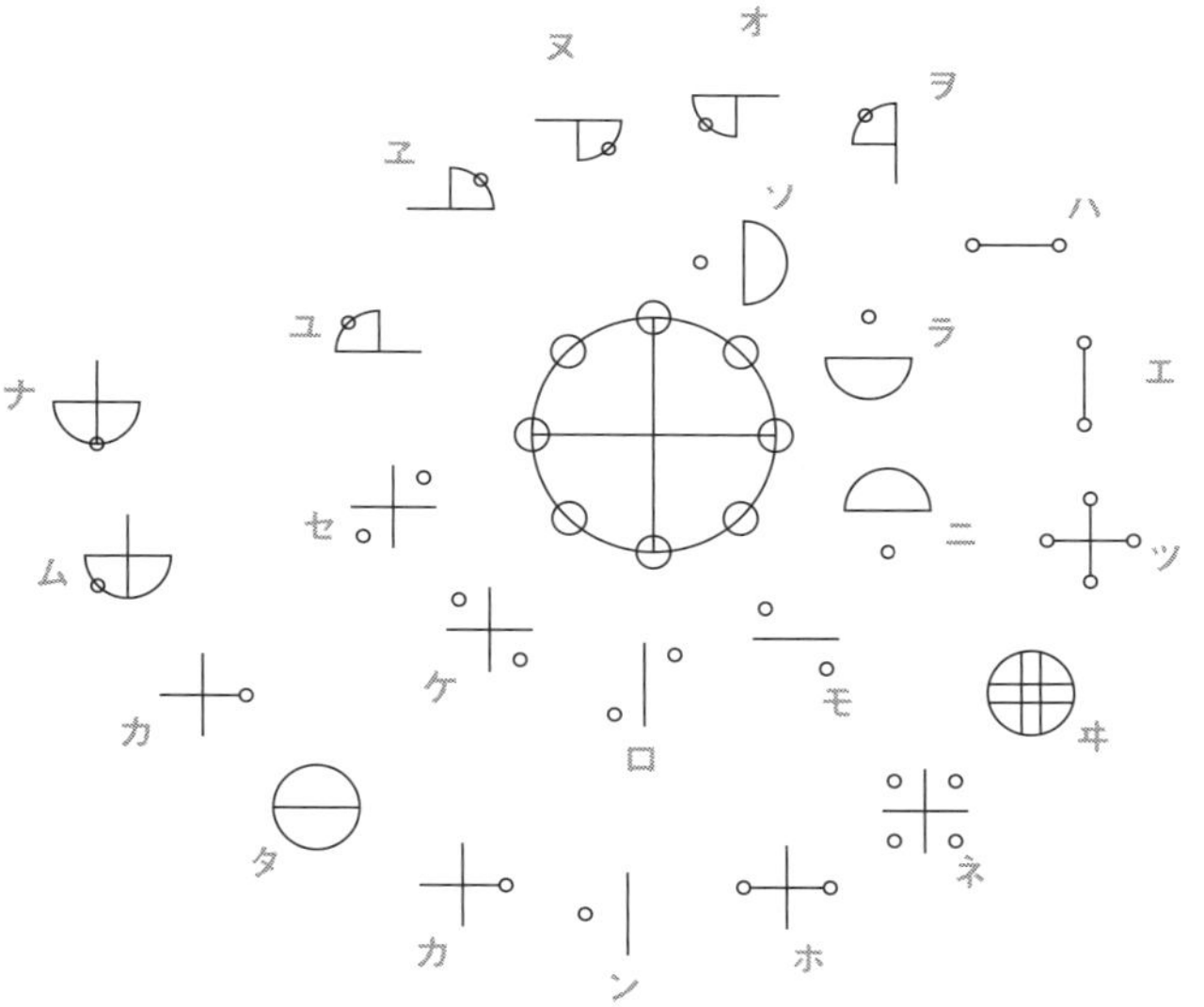

なんとなくの音の響きは、どんな感じがしますか？

私は初めて読んだときは、ぼんやりと昔ながらのかぞえ歌が含まれていることは分かりましたが、それ以外は日本語のようで日本語でないような、それでいてなぜかしっくりとなじむような、「不思議な歌だなぁ」と思ったのを覚えています。

すべての音が重複せずに入っている

では、全体の読み方についてお伝えしていきます。

渦の文字は中心から外側に向かって読んでいきます。まず「ヒフミヨイ」はおそらく、「ひぃ ふぅ みぃ よ いつ む なな や ここのつ とお」の「かぞえ歌」のもと、になったものかと思われます。

ほぼすべて、今のカタカナと同じ読みですが、「カタカムナウタヒ」には「いろはうた」などでも見たことのある、古いほうの「ヰ（ゐ）」と「ヱ（ゑ）」が入っています。ここだけが今では珍しい発音で、最初にちょっとWかYがつく感じだそうです。昔は「ヰ（ウィ）」「ヱ（ウェ）」「ヲ（ウォ）」というふうに読んだらしく、「ヰ（ウィ）」はまさに「ウィスキー」のような音です。文字の形は井戸の井、そのままの形ですね。

「アウノスヘシレ」のところは、今でも「なすすべがない」など、方法のことを「術＝すべ」と言いますよね。ただ「スヘシレ」とは言いづらいので、濁点をつけて「スベ」と発音するほうが音読しやすいと思います。

「ユヱヌオヲ」は、古いほうの「ヰ・ヱ・ヲ」のところが違うだけなので、読み方は「ユ・ウェ・ヌ・オ・ウォ」となります。「ハエツヰネホン」は「ハエツ・ウィ・ネホン」と読みます。

最後の「カタカムナ」だけは、タイトルだからなのでしょう、文字がリピートしています。それ以外の部分は四十八音「ヨソヤコト」といって、四十八音が一音も重ならずに入っていることになります。

宇宙万物のしくみをうたう

すべての音がひとつずつ重複せずに入っているのは、「いろはうた」「あめつちのうた」「あわのうた」などほかにも存在します。ただ、たとえば「いろはうた」は、内容としては無常観をうたっているそうで、たしかに「いろはにほへと　ちりぬるを」というような、ちょっと切ない情緒的な歌詞になっています。対して、この「カタカムナウタヒ」の内容は、宇宙万物のしくみをうたっているものです。

カタカムナ「ウタヒ」と書いて「うたい」と読むのも、読み上げてもらうと伝わると思うのですが「ヒフミヨイ　マワリテメクル　ムナヤコト」と五七五です。そのため、俳句や和歌などのもとにもなったのでは、といわれています。

それから、文字のデザインのパターンを見てみましょう。似通ったデザインで、ひとつのパターンが回転するようにして連なっています。まっすぐのラインや半球の形、小さな丸の位置にも成り立ちの意味があるのですが、似ているデザインパターンはグループのように並んでいます。けれど、デザイン重視で連ねてあるのかと思いきや、にもかかわらず歌として伝えている言葉、歌としての意味も、もちろん通っているのです。

第五首・第六首を見て気づく「カタカムナウタヒ」の不思議さをまとめると、次のようになります。

- 銀河のように渦を描く文字で
- 内容は宇宙万物のしくみを伝えている
- 一音も重ならずにきっちり四十八音あり
- しかもデザインパターンも揃っていて
- それが五七五の歌にもなっている

これが、もしかしたら一万年以上も前からすでにあったものなのかと思うと驚きです。こんなふうにカタカムナ文字の成り立ちは、ちょっと人間技じゃないかもしれないくらいに、合理的で多機能なデザインなのです。

基本のシンボル・ヤタノカカミ

渦の中央にあるシンボルマークは「ヤタノカカミ」と呼ばれています。ウタの真ん中にある基本の形に、こうしてぐるりと八つの小さな丸があるので、日本では大切にされている「三種の神器」のひとつである「八咫鏡（やたのかがみ）」のもとではないかともいわれます。

もともと写しとってある文献は黒一色です。ですが、まわりの小さな丸が文字のどの位置にあるかというのが大切なので、それで「赤いところに丸があるでしょう」とか「水色だよね」というふうに、小さい子たちにも分かりやすいように、虹の色をもとに八つの色をつけました。これは東洋医学やヨガでも、

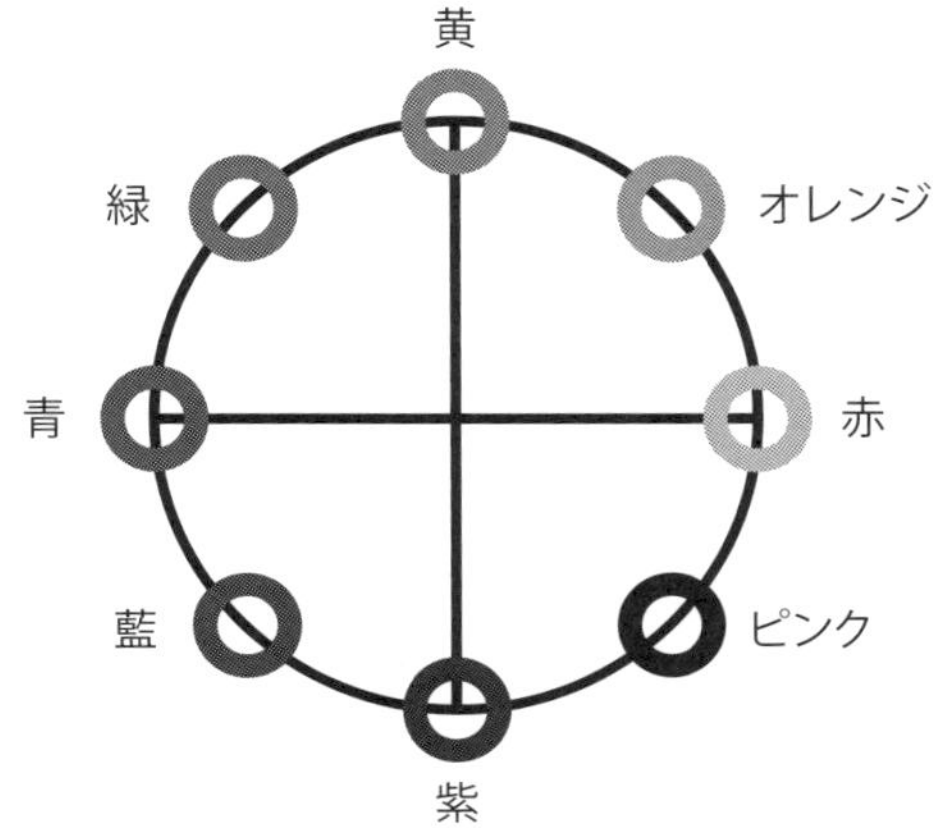

身体のエネルギーポイントとして知られている「チャクラ」とも対応しているような感じがしましたので、赤色の第一チャクラから始まる順番の色にしています。（※色に関しては巻頭ページをご参照ください）

日本語の四十八音の文字がすべて、基本となるシンプルな「ヤタノカカミ」のデザインのどこかの部分を使って表わされています。またその音が、なぜその形なのかにもひとつずつに理由がありますので、お伝えしていこうと思います。

ひっそり、ひそやかな「ヒ」

「カタカムナウタヒ」は一音一音に意味があります。最初のところから順番に成り立ちをみていきましょう。まずは始めの「かぞえ歌」のような部分、「ヒフミヨイ」をご紹介していきます。

いちばん最初の「ヒ」という文字は、小さい丸が始まりの赤いところにあります。ひとつめの「ヒ」で、数字や漢字でいうと一、日、陽、火、秘、などがあてられますし、もちろんそれらの意味も含みます。「『ヒ』ガシから、お『ヒ』さまが昇る」、始まりの音です。

現代ではもちろんどの音も、スマホやパソコンに入力するだけで、たくさんの漢字に変換されますね。カタカムナの音の意味は、多くのニュアンスを表わすため「思念（しねん）」と呼びますが、今の私たちは、漢字のほうが意味をイメージしやすいような教育を受けているので、漢字もまじえてお伝えしています。

「秘めたるところから」というような「ひみつ」の「ヒ」でもあり、最初のひっそり、ひそやかな音です。日本では「姫」というのは、映画のプリンセスのようにらせん階段の上に登場する存在ではなくて、御簾の

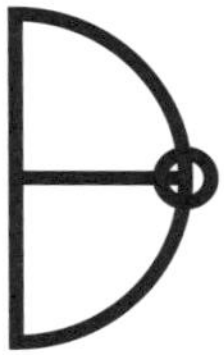

ヒ・ひ・Hi

一つ　ものごと　の　はじまり
始元の　もの　暗いところ　玄
ヒビキ　ヒソカ　ヒカリ　ヒト　ヒラク
ヒメ　クヒ　ひっそり
東　日　陽　火　霊　氷　秘

向こうにひっそりとおられる存在です。お姫様は大切だからこそ、秘められてきた文化ですね。「ヒ」という音は始まりの、まさに秘めたるヒビキです。

日本語のもと、と考えれば音の思念、意味やニュアンスは、たとえば「どんなときにその音を発するか」を想像すれば理屈でなく感覚的にも分かります。たとえば怖いマンガで「ヒィィー」というセリフがありますが、「ヒ」の音は、大声で叫ぼうにも叫べません。どちらかというと「息を呑んで」いるようすで、それくらい「ヒ」はひそやかな感覚なのだと思います。

ふっくらふくらんで、ふえる「フ」

「ヒフミヨイ」を順番に見ていきますと、「フ」の丸は、二番目のオレンジのところにあります。

音のイメージは「ふっくら、ふくらんで、ふえる」という感じです。ふくらみ、振動して、ふたつ、に増えるプロセスです。音としては「ふくふく、ふんわり」という感覚がありますね。

「ああ、意味が分かった。腑に落ちた」といいますが、私はたとえば「腑に落ちる」ってどういうことかな？と「フ」という音のことをずっと考えてみたりします。

「腑」というのは五臓六腑の「腑」のことで、また「フ」というのは「ふたつ」に分かれるということでもあるので、「腑に落ちた」というのは、食べものが食道を通り、いろいろな臓器、五臓六腑の「腑」に分けられて「ハラに落ちた」ことをいうのでしょう。

そう考えると「自分の身につくまでの、消化吸収ができる状態」というのが「腑に落ちる」ということかと思ったりします。

また、「フ」の段階は、ひとつの受精卵が分裂して「ふたつ」に増える状態でもあるそうです。このとき卵は、ふっくらふくら

フ・ふ・Hu

二つ に わかれて ふえる
ふっくら ふくらむ ふるえる
ふれる ふかい ふとる ふる
福 負 フラフラ ふっと

んで振動しながら、増えている過程なのでしょう。

それから「ふっと浮かんだ」というときの「フ」は何でしょうか？「ふと思い出す」のと、「ハッと気づく」というのは違いますね。

一音ずつの違いをみていくとき、「ホッとひと息つく」のは良いのに、「ハッとひと息」だと何となく休まらないのも不思議だなあと思います。

物事の本質を表す「ミ」

次に三番目の「ミ」。小さな丸は、半円の頂上にきました。この小さな丸はこのように反時計回りに動いていきます。

カタカムナで、私が最初に教えてもらった音は「ミ」という音でした。「身をもって知る」「身を入れて勉強する」「習ったことが身についた」「実のある話」「面白み」。そういうときの「ミ」という音は、いったい何のことを指すのでしょうか。「ミ」をもって知った、とは、何をもって知ったのでしょうか。「ミ」を入れる、とは何を入れるのでしょう。

この一音に、カタカムナではどんな思念があるのか、私は「ミ」という音は「ものごとの本質」を表すのだと教えてもらいました。

「ミのある話」には何があって何がないのか、それは「本質的かどうか」ということです。たとえば、子どもが何かに「ミを入れて取り組んでいるかどうか」というのは、後ろから機械などで計測することはできません。「ミ」は測りとれない世界、感じとる世界だからです。私たちが「身をもって知った」のであれば、それは実感したり痛感したり、体験を通して感じ取ったということでしょう。

そしてそれは感覚の世界なので、「ミ」というのは右脳と左脳でいえば、感覚的な、右脳的な感じを指しています。

ミ・み・Mi

三つ　なかみ　ものごとの　実質
見えない　けれど　感じる　もの
水　実　身　味　美
イミ　ミキ　ミミ　ミツ　ウミ
満ちる　ひとみ

四つの相ができる、世の混沌「ヨ」

つぎに「ヨ」。よっつめ、であり、漢字でいえば世の中の世、夜、代、良い、のように表わされます。「ヨ」は方向性が生まれ、四つの基本的な相ができ、湧き出していく段階であるといわれます。

古くからの資料では、主に物理的な解説が多い音で、世、夜でもイメージできるように、カオス、混沌の世界であるともいわれます。

「ミ」の理解、「イ」の理解

つぎが、いつつの「イ」なのですが、カタカムナでは、「ミの理解か、イで理解をした

ヨ・よ・Yo

四つ　世の　ならい　混沌
方向性を　もって　わき出る
世　代　夜　ヨイ　よる
よむ　よろしく　ヨミカエル

か」、または「ミの次元」「イの次元」などと表現されたりします。

「ミの理解」というのは先ほどの本質的に感じ取ったことであり、体験、体感、実感です。「イの理解」というのはその反対で、理知的に「アタマ」で分かる、知識や学問のような捉え方のことを指します。

「イ」という音は、たとえば、イマ、イキル、イノチ、イシ、イブキ、イキオイ、などの言葉の始めについています。「イ」とは「現象に出る瞬間」のことです。

「ヒフミヨ」までは目に見えない、混沌とした世界ですが、「イ」でいちばん最初の、小さい粒子ができるといいます。測りとれる世界に粒子ができるという、ここが、目に見えない世界から見える世界に出る最初の瞬間

イ・い・|

五つ　最初に　あらわれる
小さいもの　伝わるもの　意　位
勢い　イマ　イノチ　イキル　イブキ
イミ　イザ　イシ　イワ

〈 イミ 〉

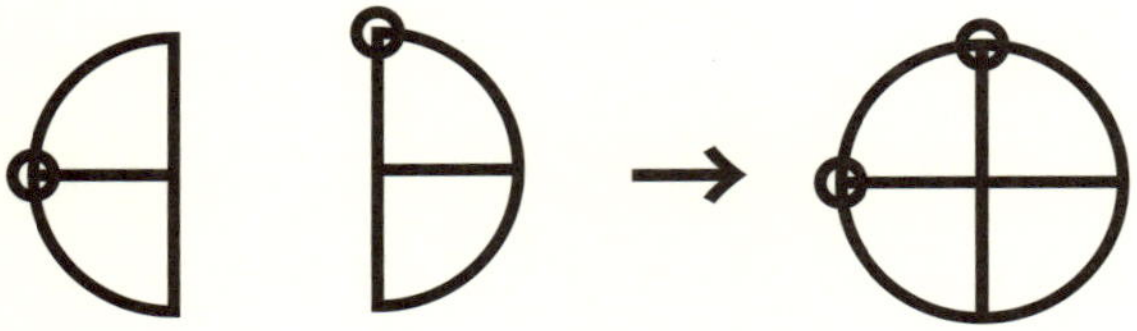

で、それが「いつつ」めの段階です。

いの一番、初めて現象に出たところなので、勢いがあるのですね。「命」の「息吹」があるのは、「今」の「位置」であり、フレッシュなイメージです。まだとても小さいけれども、目に見える現象の世界に出ているので、「イの理解」というのは、どちらかといえば左脳的で、論理的、理性的な感じのことを指します。

ここで音を合わせてみると、

●実感、体感をともなう、感覚的・右脳的な「ミの理解」と
●知識や学問のような、理知的・左脳的な「イの理解」

その両方を合わせて「イミ」という言葉になります。「意味が分かる」とは、何気なく言っていたけれども、そこまでのことだったのかと私が大きくカルチャーショックを受けたのは、このような一音ずつの「読みほぐし方」でした。

日本語は、そんなふうにできているの？

ヤマトの言葉、もともとの日本語というのはすべてが、こうした一音ずつの組み合わせでできていることを最初に教わったとき、私は心底びっくりしました。全部の言葉がそうして成り立っているなんて、こんな大事なことをどうして知らなかったんだろうと、大げさでなく愕然としたのです。

私は大学の四年間をアメリカに留学していたのですが、英語が話せるかどうか以前に、何より自分の母国語であるはずの日本語のことを、恥ずかしながらあまりにも知らなかったことがショックでした。相当な西洋かぶれだった私ですら、カタカムナを知ったとき、自分の経緯が腑に落ちて「あぁ、だからいったんはアメリカに行って、また日本に帰ってきたんだな」と感じましたし、今でもそう思っています。

こうして、一音一音に幅広い意味を持つ日本語は、その成り立ちも宇宙のしくみの理解にまでつながるようなオリジナリティをもっていることを、少しずつ学んでいきました。

「マワリテメクル」相い似通ったスガタ

続いて、「ヒフミヨイ　マワリテメクル　ムナヤコト」の、「マワリテメクル」のところをみていきましょう。

たとえばですが、カタカムナ文字の横のラインを地平線と見立てれば、「ヒフミヨイ」と小さな丸が、お日さまが東から昇って、そして沈んでいくようにも見えます。

その次の文が「マワリテメクル」ですが、「まわる」と「めぐる」は違いますね。これは今の言葉でもじゅうぶん伝わります。これはまさに惑星のよ

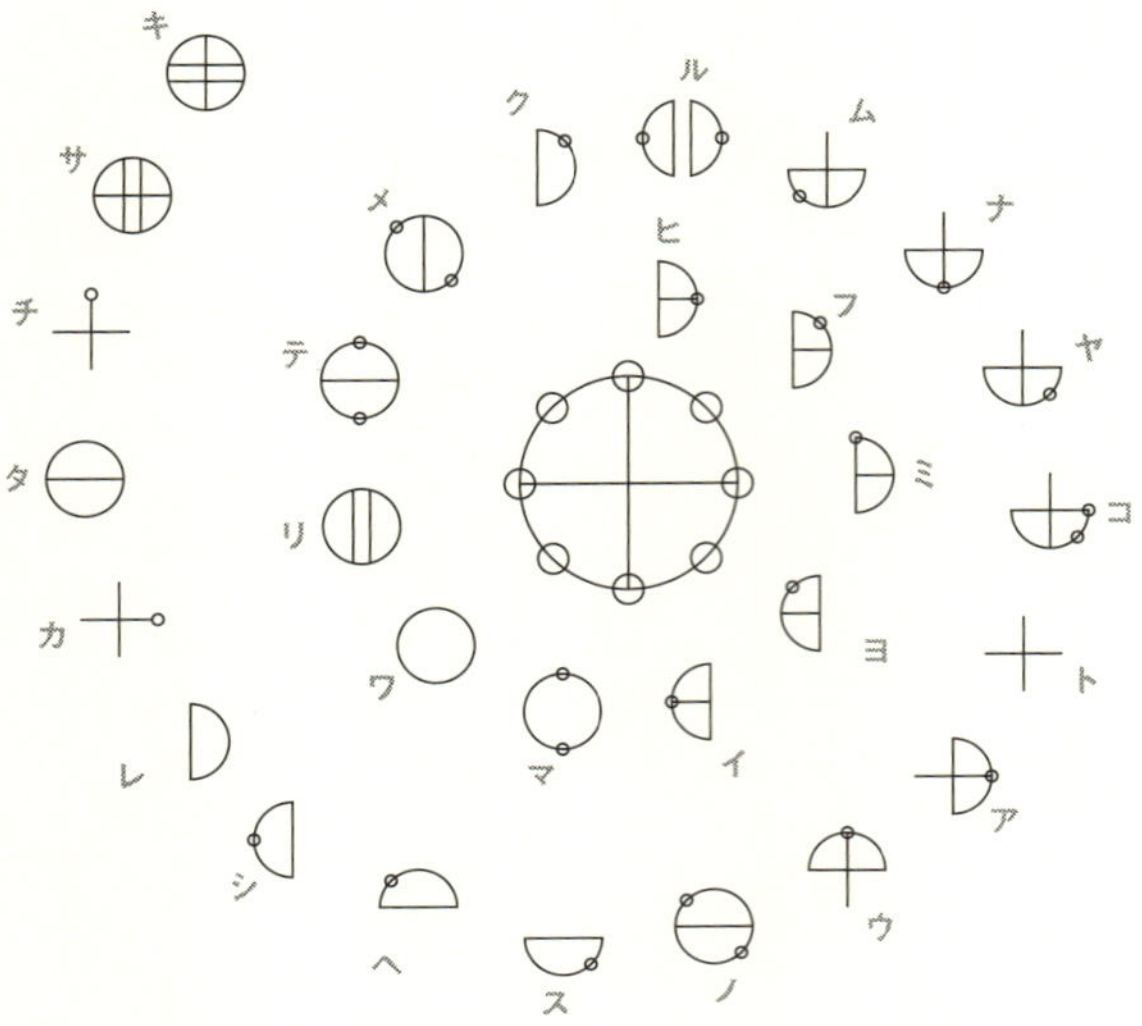

うに、「自転しつつ、公転している」ということを表現しています。

カタカムナが難しく思われがちなのも、もともと「相似象学（そうじしょうがく）」として学ばれていた、ということがあります。そのため、自然界のあらゆるパターンを表すという「神聖幾何学」的なものや、「フラクタル理論」などの世界観をご存じの方が、カタカムナに興味を持たれることも多いように感じます。

「相似象」とは「相い似通ったパターン、象（スガタ）がある」ということです。銀河の惑星も、電子も、まわりながらめぐること。人体が小宇宙であるとか、心のしくみと身体のしくみにはつながりがあるなど、いろんなことに似通ったパターンがあるよと伝えているのが「相似象」です。カタカムナはこうして「相似象学」、また目に見えない世界の物理「潜象物理（潜象↕現象）」、「直観科学」、「哲科学」などいろいろなふうに呼ばれてきました。

物理となると、学校の教科でいえば私も大の苦手ですが、文字を見てみれば物の理「もののことわり」の学び、ということになります。相似通ったスガタをみれば、万物は星のように球として「マワリテメクル」、ものの道理として「ただ、そうなっている」ということを伝えているのです。

いっぱい、かつ、なんにもない「ム」

「マワリテメクル」の次は「ムナヤコト」です。「ム」からみていきましょう。

暑い日など、「今日は、ムッとするねぇ」といいますね。「ム」というのは、六、無、虚。蒸す、生す、産す、とも表わされますし、ほかでもない、カタカムナの「ム」でもあります。

「ちょっとムッとするから、窓を開けようか」というのは、何かが目に見えるわけではないけれど、温度や湿度が高くて、空気の密度がきゅうくつな感じですね。

「文句を言われてムッとした」というのも、表情や眉間にはたしかに「ムッ」と気が集

ム・む・Mu

六つ　無限に　ひろがる
立体化して　出ようとする
無　夢　霧　虚　産す　蒸す
群れ　ムネ　ムシ　ムラ
ムカヒ　ムスヒ　ムツム

まるけれども、その段階では、まだ言い返してはいません。

数秘術では「6」は「愛の数字」と呼ばれ、妊婦さんのお腹や胎児の形も表していると いいます。妊婦さんは「充満した」お腹をしているけれど、赤ちゃんはまだ生まれ出てお らず、外側で形になってはいません。「ム」は「いっぱいあるけど、まだ明らかには目に 見えない状態」です。また、古事記には「ムスビのカミさま」が登場しますが、漢字では まさに「産スヒ」と書きます。

ここでちょっとお伝えしたいのが〝すべての音には同時に、真逆のニュアンスもある〟 ということです。たとえば「ム」であれば「むなしい」とか、「無限」「無の境地」ともい いますね。「ム」であれば、「いっぱいある。でも、なんにもない」と真逆の裏表、両方を、 同時に表すのです。

カタカムナの「ム」って何？

私のお話会は主に初めてカタカムナに触れるという方向けなので、来てくださる理由は 「なんとなく気になって」ということがほとんどのようです。

「カタカムナ」という音自体、なぜ気になるのかというと、まさにこの「ム」という音のためだと思います。「カタカ『ム』ナ」から「ム」を抜けば、なじみのある「カタカナ」になるのに、この「ム」って何だろう？と素朴な違和感を感じるためでしょう。「ム」というのは「いっぱいあるけど、何にもない」という思念、ニュアンスをもつとお伝えしました。「カタ」は形のある世界であり「目に見える世界」のことで、いわゆる現象、ということ。それに対して「カム」が「目に見えない世界」のことを指します。これが潜在的なもの、潜象のことです。そして「ナ」というのは、名主の「ナ」であり、何度も何度も繰り返して定着する名前の「ナ」。「代表するもの、核になるもの、定着すること」を表します。

　ですから、「全体は、見える世界と見えない世界で成り立っている」こと。さらには「見えない世界のほうに核がある」ということを、カタカムナはそのタイトルだけで示しているのです。

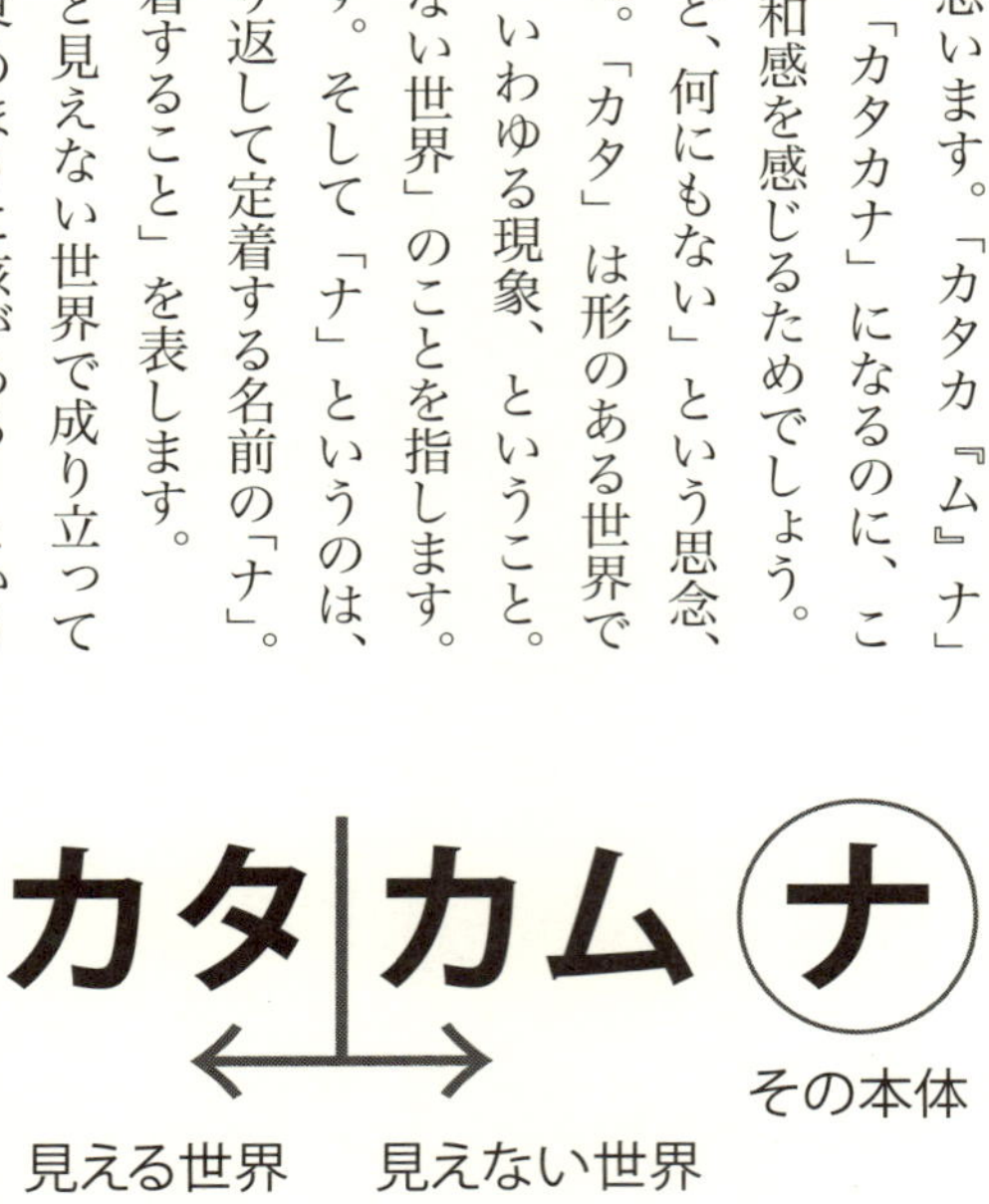

「ム」の音の再登場

カタカムナ文字の形は便宜上、平面で描いてはありますが、「マワリテメクル」惑星をイメージしていただければ、ほんとうは3D、立体の球（タマ）です。カタカムナ文字は、実は円ではなくて球であり、「万物は球である」と伝えています。惑星であれば、それが高速で回っているなどとイメージはできますが、じっさいは宇宙には上下や縦横はありませんね。文字として抽象化して表されているのですが、立体であるからこそ惑星の光と影のように、ひとつの音で陰陽の正反対、両方の意味を持っているのでしょう。

「ム」という音は、発音するときに不思議と消えてしまったりします。そういえば、昔のおばあちゃんたちは「ナムアミダブツ」とはっきり言ってはいなくて、繰り返すうちに「ナマンダー、ナマンダー」とつぶやいていたように思います。「ム」は呑み込んで「ン」となってしまう音だからですね。カタカムナもひょっとしたら、「カタカンナ」から「カタカナ」になった可能性もあります。それは自然と消えてしまったのか、意図的に消されたのかは分かりませんが、「ム」の音の再登場によって「見えない世界、感覚の世界は、全体の核である」ということを、私たちも思い出すときが来ているのかもしれません。

見えない世界が先にある

カタカムナの「ヤタノカカミ」でみると、だいたい上半分が見えない世界、下半分は見える世界で成り立っています。

最近では、イメージしたものが現実化するという「イメージトレーニング」などでも知られてきていますが、その場合は当然ながら「イメージが先」です。現実が先にあって、後からイメージするわけではありませんね。見えない世界が先にあり、その後に見える世界が生まれ、育まれていきます。そしてそのイメージしたものが形づくられる、物質化されるまでにはタイムラグや時間差があって、ある程度の手間ひまや時間もかかります。

そのように何となく広まってきても、近頃までは「見えない世界が先にある」などということは、なかなか言えないような雰囲気がありました。オバケはいないし、UFOは存在しない、再現性のない実験は認めません、というのが最近までの常識的な在り方でした。ましてや「見えない世界が先にあり、しかもそちらが本体です」というような、カタカムナ的なものの捉え方はまさに危ういからこそ、近年までは表に出ないよう慎重にされてきたのだと思います。

このカタカムナの「ウタヒ」は、世に出ているものが八十首あるのですが、ほかにもまだ時期ではない、というものも存在するようです。

私は物理学など分からない感覚人間で、ただ教えてもらって興味深く、実際にとても助かったのでこうしてみなさんにお伝えしていますが、今は比較的たくさんの方が関心を持っておられることも、世の中の変化なのではないかなと思っています。

カタカムナは「悪用されないように」隠されてきました。ただ「隠したままにしておくと、必要なときにも使えない」ということがはっきりしてきたらしく、２００６年頃から少しずつ表に出てくるようになってきたのです。

繰り返して定着する「ナ」

ななつ、の「ナ」は、ここまでお伝えしましたように、名、成り成る、名主やダンナ、の「ナ」で、代表する、核になる存在、というニュアンスがあります。

名がとおる、名が知れる、というふうに「ナ」は、「何度も繰り返すことによって定着する」プロセスです。

「やすらぐ」の「ヤ」

「ムナヤ」もちゃんと、小さな丸が順番にまわって、「ヤ」で一周クルリとめぐり、全部がきれいに埋まって大きな丸が満たされ

ナ・な・Na

七つ　成る　代表するもの
分身　くりかえし　定着する
核　七変化　ナヌシ　名前
ナギ　ナミ　ナカ　ナエ
ならう　なじむ　なつかしむ

ます。

「ヤ」というのは日本語でいうと「八百万(やおよろず)」や「八百屋さん」というように、「いろんな種類がたくさんある」というような、四方八方に拡がり、めでたく豊かなイメージがありますね。丸がいっぱいになるため、飽和、満たされて安定し、「やすらぐ」ところです。

「やっとここまできた」「やった〜!」で、「やっと、やすみだ〜」の「ヤ」ですね。

コロコロ転がる「コ」

つぎはここのつ、で「9」です。文字のデザインは数字でいうと、初めて二カ所

ヤ・や・Ya

八つ　飽和　安定　いっぱい
極限　ヤマ　ヤネ　ヤタノカガミ
ヤマト　ヤチヨ　ヤホヨロヅ
やっと　やすらぐ　やはらか
やれやれ　ヤミ　ヤム　ヤケ

に丸があって、それが「8」と「1」のところにあります。カタカムナという超古代文字では、「8+1=」を使って「9」を表現しているのです。

「8」でいっぱいに満たされると、「9」で形になって転がり出ます。たとえば、お産でいうと月満ちてこの世に子どもが生まれ出ますね。「コ」という音はもちろん子どもの「コ」を表しますし「個別の」「個性の」の「コ」でもあります。

日本語では、ほかに特別な単位のないモノは、一個、二個と数えますね。

また、淡路島の近くにある、国生み伝説のある沼島（ぬしま）という小さな島には、「自凝（おのころ）神社」があります。古事記でいうイザナギ、イザナミさんが、ア

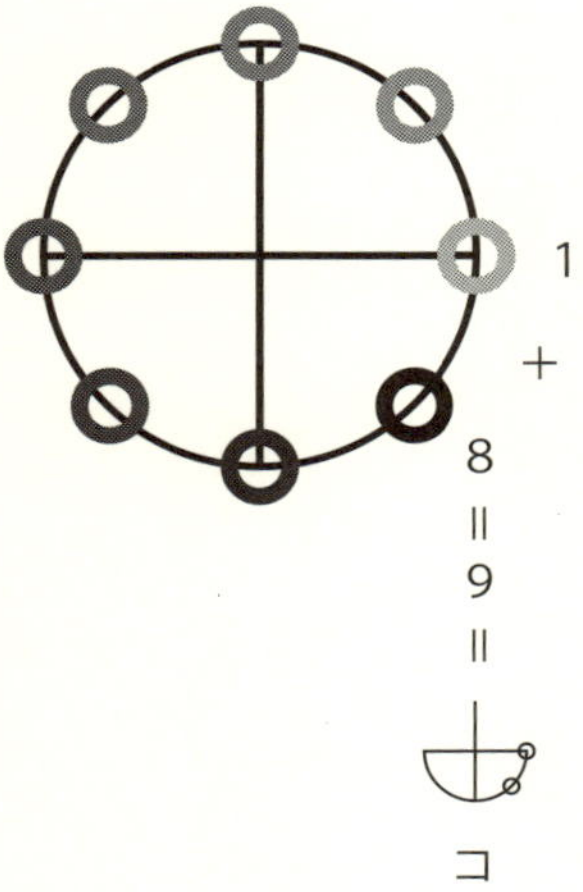

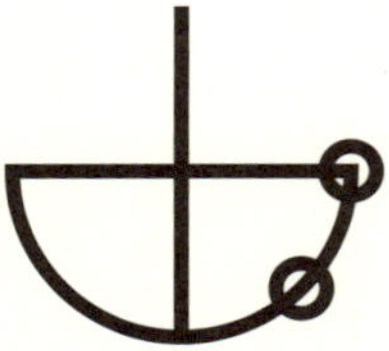

コ・こ・Ko

九つ　1+8=9　極限を　超え
変化を　くり返して　転がり出る
小さい　個　子　濃　コト　ココロ
コトバ　コメ　コエ　コナ
くりかえし　ココノへ
凝る　凍る　こねる　込める

メノヌホコでかき混ぜて、滴った潮が凝り固まり、凝固したところといわれています。形と成って固体化して、自然と形になったということですね。

自ずから転がるということで「おのころ」というのは地球のことも表すそうで、「コ」の音は、コロコロ、コツコツ、小さくてかたく、丸いイメージもあります。

溶け合い、統合する「ト」

こうして、「ここのつ」で転がり出て形になりました。９の次は10ですが、「ト」は真ん中の十字で表されます。

これは漢字の「十」とまったく同じ形で

ト・と・To

十　とけあう　統合される
トキと　トコロの　重合　還元
…と…　　ヒト　ヤマト　トモ
トミ　トシ　トチ　止まる
閉じる　戸　ミコト　マコト
とうとう　ほっと　とろける

あって、プラスマイナスのプラスにもみえます。

真ん中の「ト」のプロセスは、個別に生まれ出たものがふたたび全体に溶け合い、統合するところで、とろける、溶ける、の「ト」となります。身近なことでいえば、バターと砂糖を、溶かす。あなたと、私と、うちとける。そういうイメージがあります。

また、私たちは生まれ出たのち成長してゆきますが、いずれ年老いて身体がなくなれば、おそらく全体に還り溶け合う、統合される、ということにも例えられるのかもしれません。

トキ軸、トコロ軸は座標のように

「ト」のタテ線は、トキ軸（ときじく）といわれていて「時間軸」を指すそうです。ヨコ線は、トコロ軸（ところじく）で「空間軸」です。こうして時間軸、空間軸が真ん中で重なり合い、まるで数学のｘやｙの座標軸のようになっています。

今でも、イベント事やお祭りに「とき」「ところ」と書かれますね。約束の「トキ」が合っていても、「トコロ」が違えば会えませんし、「トコロ」だけを知っていても「トキ」が違っていたら出会えません。その座標の両方が交わらなければ、私たちは集うことができないのです。そしていまだに「ト」という音は、「トキ」という言葉にも、「トコロ」という言葉にも、使われています。

そんな古代からの思念の込められた言語を、驚くことに私たちは現代でも使い話しているのです。

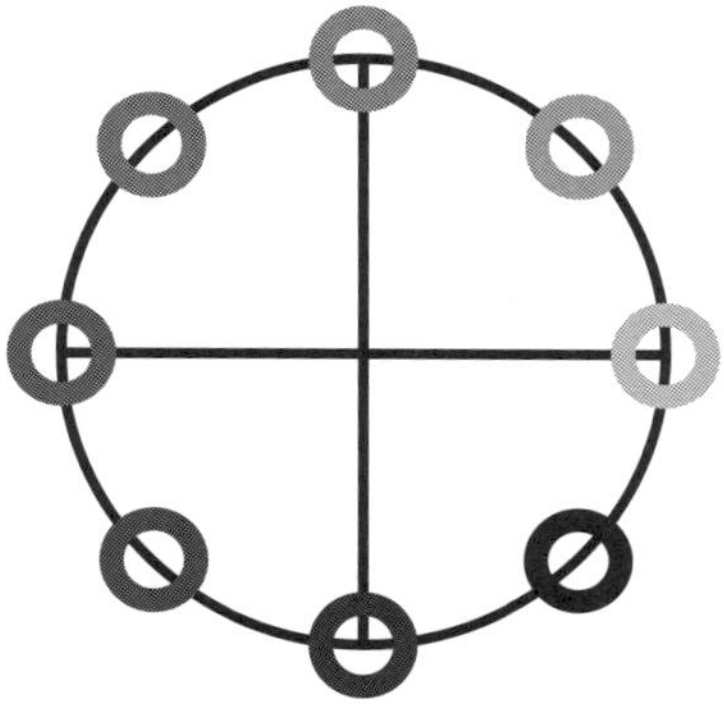

03

わたしとカタカムナ

中学・高校時代「留学したい！」

お話会では、私自身がどういう経緯でカタカムナに出会って響いたのかを、ご質問いただくことが多くあります。今では、同じようなタイプの方やお子さんたちもますます増えているかと思いますので、ここでは私がカタカムナに出会ったいきさつをお伝えします。

私は中学生くらいの頃から、いわゆる普通の学校があまり好きにはなれなくて、不思議と「日本の教育は間違っている」と、はなから思っているようなタイプの生徒でした。

当時はまだ、今のように不登校という選択肢があまり一般的ではなかったので、いちおう登校はしてはいましたが、とても失礼なことに、なぜか「先生の話を聴いたら自分がダメになる」くらいに感じていたのです。私の実家はよく友だちから「図書館みたいだね」と言われるほど壁一面が本でしたから、「その日の文庫本」を持って学校に行き、授業を聴かずに机の下で読んだりしていました。

「日本ではなくて海外で学びたい、留学したい」と両親に言い続けているうちに、両親が小さな広告代理店、デザイン会社を経営していた関係で、クリエイターで海外経験のある方と出会う機会をつくってくれました。するとその方は、「あなたね、今行っても ｔｏｏ ｙｏｕｎｇよ。どこの国の人か分からない、エイリアンになって帰って来ちゃうわよ」とおっしゃったのです。「ではどうすれば良いですか？」と尋ねてみると、「日本史と古文をきちんと勉強してから行きなさい」とアドバイスをくださいました。

その言葉は不思議と当時の私にも納得できたので、日本史と古文を目的に公立高校に行き、卒業した春にすぐさまアメリカに留学させてもらいました。

大学留学時代「ナナイモ・フェリーポート」って？

生まれ育った神戸の姉妹都市は、ワシントン州のシアトルです。土地勘がなかったため、とりあえずはシアトルにある大学に入学しました。まず、空港の名前が「シアトル・タコマ空港」というのですが、それをいつも不思議に思っていました。なぜか、「田んぼに駒で〝田駒〟って書くんだよね？」と感じていたからです。

現在、お話会を開催するために日本各地を訪れていますが、「駒沢」や「駒川」があるように、たとえばどこかの土地に「田駒駅」や「田駒小学校」があっても、まったく違和感がないように思います。「アメリカの地名なのに、どうして「和」な感じがするのかな？」

と気になっていたのも、「音」との出会いだったのかもしれません。

大学ではまじめに勉強していましたが、週末にはよくカナダのバンクーバーを訪れていました。国境を越える途中にキャスケード山脈という険しい山々があるのですが、そこで大木を見つけては喜ぶということをしていました。

80年代後半のそのころ、当時はスマホもないしSNSにアップするわけでもなく、なぜそうしていたのか分かりません。ただ、カタカムナに反応してくださる方の中には、大木や巨石が好きな方が多くいるように思います。どうやら、その周辺はネイティブ・アメリカンの方たちの聖地がたくさん残っているところだったようです。

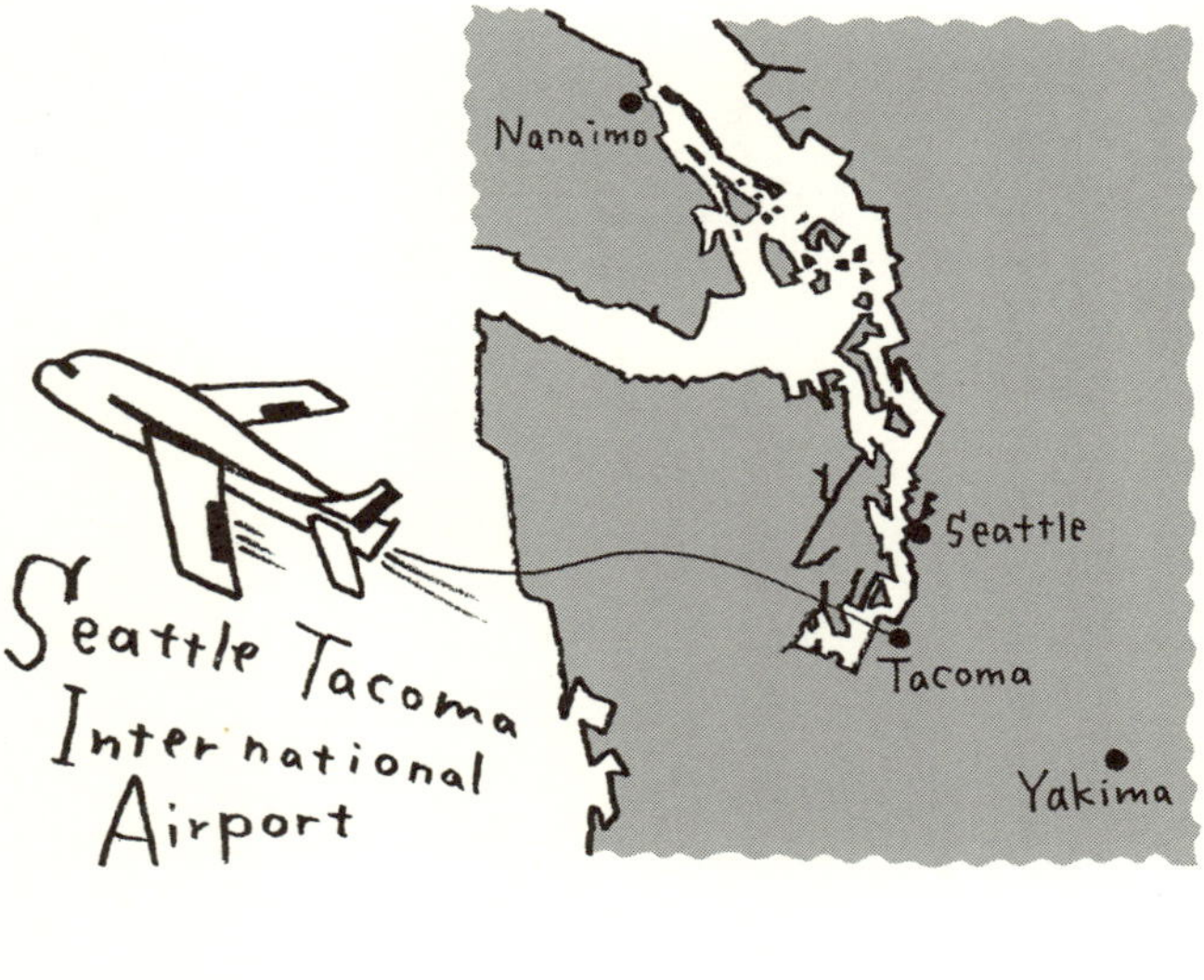

「タコマ」のほかにも覚えているのは「ヤキマ」という地名で、これも何となく漢字で書けそうな音です。たとえば「焼間」でしょうか? さらに、なんとカナダには「ナナイモ」という地名があるのです。これは日本人なら、「ナナイモ」と聞いたらどうしても、「七芋」と書きたくなる音でしょう。「七つの芋が流れ着いたか、たまわったことから栄えた港」だと、つい連想してしまうだろうと思います。

そもそも「音」が最初にあった

私はそのままアメリカで就職する予定でいましたが、湾岸戦争をきっかけにいったんのつもりで日本に帰国しました。まだバブルの名残りがあった頃で、実家の小さな広告代理店がとても忙しかったため、手伝うことになりました。

それまでアメリカの大学で勉強しかしていなかったので、デザインや撮影の仕事が楽しくて、どんどん引き受けて抱え込んでしまうようになりました。数年のうちに徹夜の仕事を続けるようになり、「実家にいたら、いろいろダメだ」と思い、ある日パッキングしてまた旅に出たのです。いわゆる家出の状態で、海外だとビザの取得が肝心なのは身に沁みていたので、国内に絞って興味のあった沖縄に渡り、やみくもに働き始めました。毎回後から思うことではありますが、たまたま沖縄に住まわせてもらったことも「音」に出会うためだったように思います。

「音は、端っこに残っている」と、不思議と感じます。日本の北の端、北海道の地名も、たとえば「屈斜路（クッシャロ）」や「長万部（オシャマンベ）」と漢字で書いてあるのを見るにつけ、いかにもあて字のようで、何となく違和感を感じました。南の端、沖縄の地名でも「東風平（コチンダ）」や「南風原（ハエバル）」などがすんなり読めないとよくお聞きします。当時は営業のお仕事をさせてもらっていたので、名前もたとえば「キャン」さん、という苗字が沖縄では一般的にあって、漢字で「喜屋武」と書きます。沖縄では画数が多い「那覇」を「ナハ」と書くように「Ｃａｎ」と英語で書いたほうが早いような音ではあります。

シアトルに居たころから、「もともと音があって、後からほかの文字をあてたのではないか」と感じていましたが、沖縄に住んだことで、よりそう思うようになっていきました。

神戸の震災で思い出したこと

そうして沖縄で一年間働かせてもらい、転職を考えてまた神戸へ戻ってきたところへ、阪神淡路大震災が起こりました。まさに、震災に遭うために帰ったようなタイミングでした。

両親が終の棲家として35年ローンを組んだばかりのマンションは、神戸の真ん中にありました。まわりにあるにぎやかな下町でたくさんの火事が起きたため、夜明けの空は煙で真っ黒で、その空を背景に真っ赤な朝日が昇ってきました。1995年のことでしたから、「1999年、やっぱり日本は沈没するのかな……」などと茫然としたことを覚えています。

地震の振動を受けたことで

阪神淡路大震災とそののちの東日本大震災は、それまでの世の中からすればかなり大きな節目であったと思います。ただ、そんなふうに思えたのも、幸い命に別状はなかったおかげであって、地域の犠牲はとてつもなく大きなものでした。避難所の体育館で過ごしたのち、避難生活は一年間続きましたが、本当に数えきれないほど多くの方々に助けていただきました。

日本には火山や活断層がたくさんあって、地震が必然的に多く、これからも起こる可能性があります。ですから地震に関しては個人的な気づきを少し、お伝えしています。

じつは私自身、震災のあの揺れを直接に感じたことで、もしかしたら個人的には悪いことばかりではない不思議な作用があったかもしれないと、後から思うところがありました。たとえば寝ている子どもを起こすときに、「起きなさいよ」と揺さぶり起こすように、地震の震動に目を覚ましてもらった、なぜかそんなふうに感じたのです。

身体や飲み水をタッピング（振動）して活性化させる療法があるそうで、ひょっとしたら人体の七割を占める水分も、大きな地震のように根源的な振動が与えられると、情報としての記憶を取り戻すのかもしれません。

そうして震災から、私は「目に見える」ものにあまり興味が持てなくなってしまい、それからは、不思議な「目に見えない」ことばかりを手当たり次第に学び始めるようになりました。

「直観力を鍛える」ってどういうこと？

そんな中、「あなたがすっごく好きそうな人がいるよ！」と高校時代の友人が紹介してくれた場がありました。当時は結婚前で子どももいなかったので、厚かましくも飛んで行き、そこで出会わせてもらえたのがカタカムナ文字でした。

そちらの方々は「表に出ない」ということも大切にしておられ、カタカムナ文字の掛軸を床の間に掛け「ウタヒ」をあげ、あくまで実践する、ということをされていました。「カタカムナの実践」とはなにかというと、多くの実験などとともに「直観力を鍛える」ということで、「そのためには、植物と同じように生きること。太陽の光を受けて、土に返すということを、すなおに、まっとうにすればいい」とお聞きしました。また、おそらく身体の詰まりをなくすというか、自分がより良い状態、クリアであるためにでしょう、お食事にも気をつけておられました。そのころたまたまでしょうけれども、食事法は生の玄米十粒を一日かけて噛んで食べる、ということも実験されていたのです。

「あぁ、カタカムナはそこまで厳格にしなければ勉強するにも及ばないのか」と、学ぶことすら私などには程遠いと感じましたが、お聞きすることがひとつひとつ興味深く腑に落ちることばかりだったのを覚えています。

理屈でなく「しっくりくる」ものの選び方

その後、実践されていた方と友人とが結婚して、ちょうど私も結婚し、お互いが近い時期に子どもにも恵まれました。長い休みごとに会ってはお世話になり、子どもたち同士を遊ばせていたなかにもたくさん教わることがありました。それらは本当に具体的に、理屈でなく「しっくりくる」ものの捉え方であり選び方で、我が家では子どもたち三人ともを水中出産できたことも彼らに教わったおかげでした。

こんなふうに一事が万事で、その人なりの直観を研ぎ澄ませて生きること、感受性を養う在り方は、遠い道のりながらも体験を通して、自然と私にもなくてはならない指針となっていきました。また、より自然の理にかなう、つじつまの合う考え方、照らし合わせ方は、母乳のこと、離乳食のこと、食の陰陽やサヌキアワで学ぶ夫婦のこと、身体の手当てや産前産後の体調などについても参考になることが多くありました。

こんなふうにカタカムナは私にとって難しい物理的な学問というよりは、思いがけずとても実用的なものだったのです。やはりカタカムナ、サヌキアワのことを知らなかったら、私には子育てなど無理だったかもしれないと、今でも思います。

私が助けられたことなら、どんな女性にも

当時のカタカムナの勉強はご存命だった先生にお手紙を出してお会いして、そこで了解が出て初めて学ばせていただくようなもので、インターネットなどもちろんなく、資料も一般には手に入らないものでした。それでも20年以上をかけて、譲っていただいたりしたものが手元に少しずつ集まり積み上がっていきました。そうしておそれながら友人たちに、じっさいに役に立ち、なんとか理解できたことだけをお話することからスタートして、今日に至っています。

今の時代は、学校で教わる授業内容、恋愛や結婚の価値観、お産の在り方なども、大きく変化していく時であるように感じています。こうして近年、以前よりカタカムナが知られるようになっているのも、私にとってそうであったように、女性たち、そして次の世代の人たちにとって何らかの道しるべとなるように、ということなのかもしれません。

あと50年の変換期、文明のリズム

ところで、世界の文明はある一定のリズムをもって移り変わっている、という説を聞いたことがあるでしょうか。

日本の標準時、子午線の東経135度ラインが通っているのは兵庫県の「明石（あかし）」で、明石には天文台があり、神戸の小学生は遠足で必ず行くところです。

兵庫県や京都府を貫く日本標準時のラインは、淡路島でいえば北の端の部分を通っています。この東経135度ラインが今後、大きなエネルギー転換地点になるのではといわれ、それがもちろん標準時として日本の真ん中を通っているため、列島全体に関わることとしても捉えられているようです。

それが世界的にはどのようにリズムをもって動いているかも『文明法則史学』などとして表わされていて、「こんなふうに巡っていますよ」ということを研究されている先生方がいらっしゃいます。

西洋文明・男性性から、東洋文明・女性性へ

前回からの中心となったラインは、イギリスのグリニッジ天文台を通っています。いろいろなサイクルが重なるようにして描かれているようですが、大きく何千年かは「西洋文明・男性原理」が中心で動いていた、ということになります。

これは、良い悪いではなく順番にということで、今回は「東洋文明・女性原理」へと自然とシフトしていくであろうことが示されています。その移り変わりは「人類文明の中心は、地球上を1611年ごとに22・5度移動する」といわれていて、いくつかのスパンが重なるにも関わらずとても詳細な数字なの

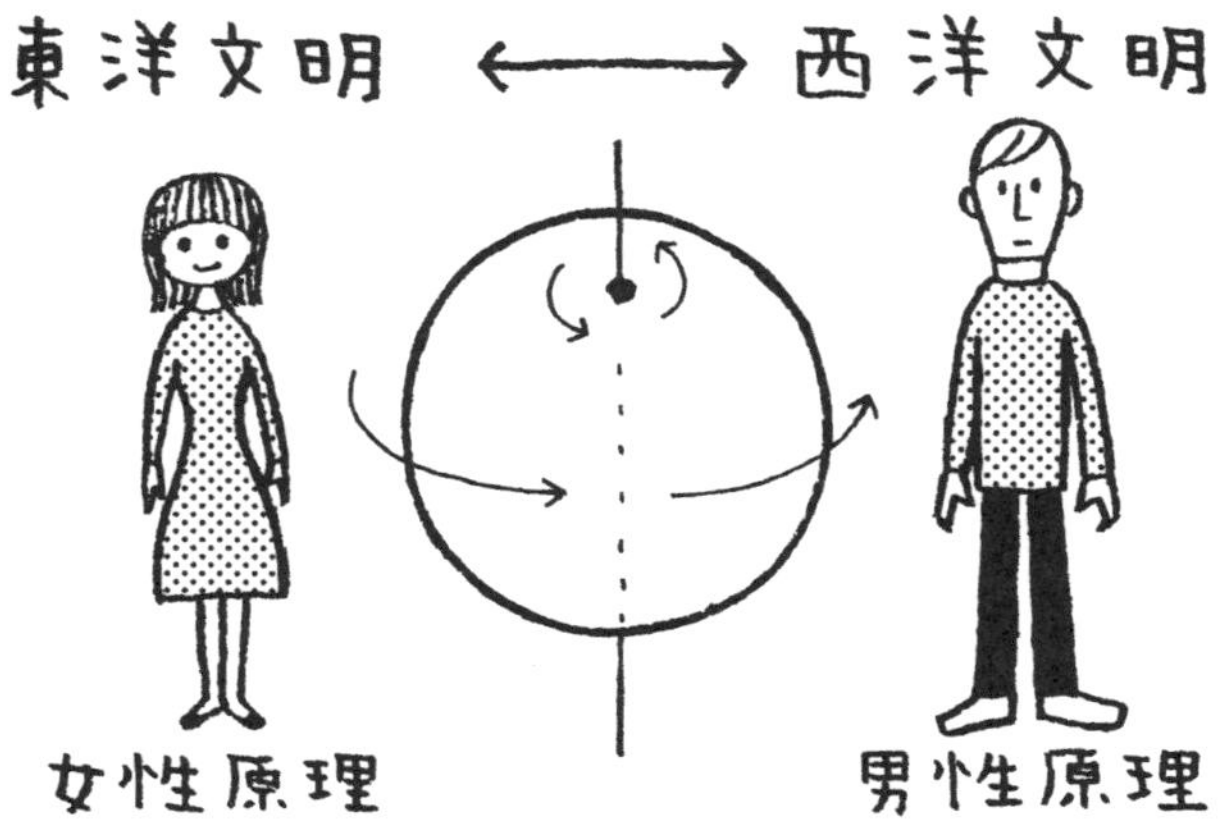

で、知ったときには驚きました。また、大きなシフトが起こるタイミングには、おそらくお産の「おしるし」と同じように、何らかの兆しがあるようなのです。

変わり目の年を知ろうとするなら、前回のシフトの年に変化のスパンである１６１１年を足し算すれば分かることになります。それが、ちょうど「１９９５年」となって、ぴったり阪神淡路大震災の年なのです。その年の、まさに始まりの1月17日に、１３５度ラインの通る淡路島の北の端を震源としてあの地震が起きたのだということを知ったとき、私はまた呆然としました。

１９９５年が変わり目だった？

阪神淡路大震災の被害は「火」が多いものでした。対して、東日本大震災は「水」の被害が多くありました。それが「火・カ」「水・ミ」の「カミしくみ」から始まっている、と教えてくださる方々もありました。

その「カ」と「ミ」のしくみの「カ」が始まった震源地の位置は淡路島のなかでも北の端であり、ほぼ東経１３５度線上で、ここから「コト」が始まる、変化が起こることはさらにはっきりしたようです。

また兵庫では高速道路がたくさん倒れましたが、地下鉄が陥没したのは唯一、私が住んでいた最寄り駅だけで、その最寄り駅の名前は「大開(だいかい)」駅といいます。神戸は「神の戸」であるとも教わりましたが、さらに「大開」というくらいで、大きく開いたのかと思いました。たしかに地下鉄には近辺のライフラインがすべて通っていましたから、震災の後、「大開」の大きな交差点の真ん中は湖のように水をたたえて開いていました。

体調や気候などもバイオリズムや波動性があるといわれますが、その移り変わりのなかでも、以前との流れがちょうど入れ替わる変わり目がこの説でいうと「1995」という年号だとしたら、です。たしかにこのあたりから中南米のマヤ文明で用いられている暦法であるマヤの暦でいうと、いったん暦が終わるといわれた2012年や、天体でも皆既月食や日食、グランドクロスなどが目白押しでした。

そうして今もまた元号が平成から令和にも変わり、政治や経済の面でも節目だ変わり目だと言われ続ける毎日です。

50年後をどうしていこうか

では変化はいつまで続くのかをみてみると、この「東洋文明・女性原理」へのシフト、変化変容が起こるのは、計算上は１９９５年を起点として、まずは72年間ほどの間だそうです。ということは、とりあえず２０６７年くらいまででしょうか。

ここで私はいつも、「皆さんの現在の年齢に、残りの年数、だいたい50年を足してみてください」とお伝えしています。それくらいのスパンで変容が起こるとふまえていると、ひとつずつの変化に対してさほど驚かずに、むしろドンと構えられるのではと思うからです。すでに、右肩上がりの高度成長期やバブルの時代とはガラリと雰囲気が変わってきています。

もしもの話ですが、私たちが自分自身で生まれる時代を選択して来たのだとしたら、今後はどうなるか分からないと同時に、「何を創造していくか」のほうに、むしろ興味があったからに違いないと感じるのです。悪くいえば先行き不透明なのですが、良いように捉えると、この上なくクリエイティブな時代がこれからなのかもしれません。

そうして「50年後をどうしていこうか」というようなことに興味を持ってくださる方が、おそらく今「カタカムナ」という共通の音に呼応してくださっているように思います。

神戸の街から淡路島へ引っ越したのは

この東経135度ラインのことはまた、私自身の体験において、大きな気づきになっていました。まず、我が家が2006年に淡路島に移り住んだ理由は、だんだんと街なかの子育てがしづらくなっていた、ということがあったからです。

2001年に起きた大阪の小学校での悲しい事件の後ですが、小学校はセキュリティ強化され、四桁の暗証番号を押さないと入れなくなり、「不審者プリント」というものを毎日のように娘たちが持って帰るようになった頃でした。どこへ行くにも保護者がついていかなければならず、公園に行きたい長女、友達の家に行きたい次女、お昼寝したい三女、という状況ではいろいろと難しくなっていたのです。

淡路島にはよく遊びに行っていたので、そこでの暮らしに憧れて家を探してみると、一軒だけ借してもらえるところがみつかりました。ありがたいことに「古いから壁を塗ったりしてもいいですよ」というお話で、小さな畑ができそうな庭もあります。

島の小学校は暗証番号どころか塀もなく、田んぼと海水浴場に囲まれ、そのうえ保育所と学童が併設で、なんと運動会も合同で、それまでの駆け回り方を考えれば夢のようでした。しかも近隣に幼稚園はなく、唯一の保育所も定員に達していなかったようで断られる

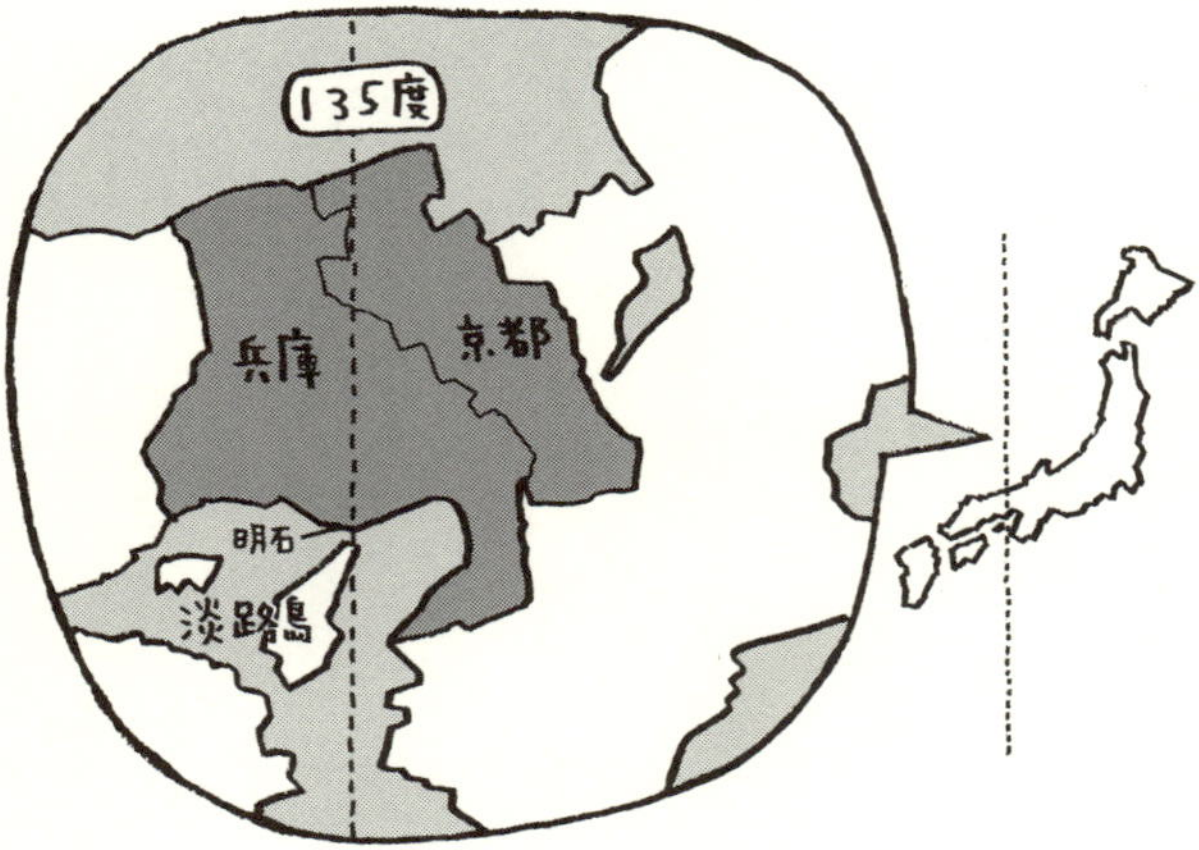

こともありませんでしたので、ありがたく引っ越したのです。

引っ越し先が135度線上だった！

引っ越した頃、実家の母は、水の結晶写真集で知られる江本勝氏がまとめられた『水からの伝言』と、月刊誌の編集長を務めていたので、関連雑誌に「淡路島のことがたくさん出ているよ」と教えてくれました。

東経135度ラインの詳しいことは現在は書籍にもありますが、その頃は母が教えてくれた雑誌に連載されているのみでした。その記事を読んであらためて、「子午線って淡路島のどこを通ってるのかな？」

と思い調べてみると、なんとたまたま借していただいた家が１３５度線上の、人が住んでいる範囲上での最南端にあったのです。

こうして、２０１２年ころから始まり、淡路島からあちこちお話に行かせてもらっているのも、１３５度のめぐり合わせなのかもしれないと何となく思っています。

04

「あ」「い」「う」「え」「お」母音的な言葉のチカラ

すべての音に母音がついている

北米大陸の「タコマ」「ヤキマ」「ナナイモ」という言葉だけでなく、ネイティブ・アメリカンの部族であるホピ族やラコタ族、オセアニアに先住しているアボリジニ、マオリの言葉、南米の先住であるマヤ、インカ、そしてネイティブハワイアンの言葉も、なんとなく漢字で書けそうな音なように思えます。

たとえば神戸六甲山にも「摩耶山」という山がありますが、マヤ文明は変化したけれども、「マヤ」という音だけを聴けば、同じ音の響きを持つその土地の存在感は、別々の国にあっても同じなのかもしれないと感じています。

ニュージーランドに行ったときには、「アラタキ」というところに連れて行ってもらいましたが、そこはまさに「荒滝」で、やっぱり音が同じなんだと思いました。またお知り合いのオフィスの名前は、マオリ族の言葉をもとに「キテキテオフィス」というのですが、それはそのまま日本語の「来て来て」という意味なのだそうです。

日本語とポリネシア語など、環太平洋火山帯を中心とした先住民の文化文明の言語には、おおまかな共通点があるらしく、それは「すべての音に母音がついている」ということなのだそうです。

たとえば英語やフランス語なら、「t」や「y」「x」でも言葉が終わります。そのような子音的な言語は音が明確には区切れていないため、軽く流れるように聞こえます。対して日本語の音はすべて、伸ばして発音すればどの音にも必ず母音がついています。ひとつひとつの音を区切って発音でき、また音の響きが比較的はっきりしています。こうした母音的な言語のなかでも、日本語ととても似ている感覚の言葉はポリネシア語なのだそうです。ただ先ほどのニュージーランドのマオリでもそうなのですが、ポリネシアも今ではじっさいの公用語が英語などになっているところも多くあります。

つまり、一億を超える人々がいまだに毎日、母音的な言語を話している国は、世界中に日本しかないということです。それを知ったときにはまたびっくりしました。一説で、日本は今も存在する「古代国家」であるともいわれるのは、その言語がおもな理由でもあるのでしょう。

母音の言葉は感覚の言葉

日本語のような「母音の言葉」は感覚の言葉です。

たとえば、素晴らしい作品に感動したときや、本気でびっくりしたときに「シーッ」とは言いません。「ミー」とか「ラー」でもなく、やっぱり「あーっ！」とか「おぉ！」「えーっ？」などの音が自然と出ると思います。母音は感性のままの言葉で、歯や舌や唇など何にも遮られずに、いわば腹の底からまっすぐに出る音です。それだけ思考にも邪魔されていないかのようで、より根源的な感じがします。母音的な言語はその特徴としても共感性が高く、コミュニケーションにおいてもより感覚的に伝わりやす

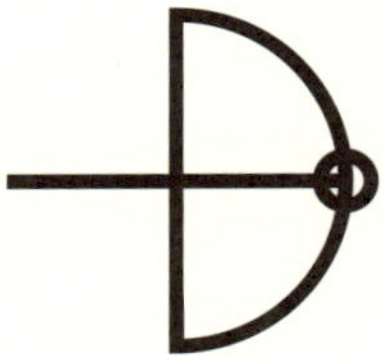

ア・あ・A

感じるもの　在る　生命
あらゆる　あまねく　あらわれる
始まり　あらたに　明るい
アマ　天　海　女　尼　雨　甘
アワ　アカ　アオ　アメ　アケ
アサ　アシ　アネ　アヤ

いのではないでしょうか。

そもそも音の響きにあるものは、あまり難しいことではないと思っています。たとえば「あ」って、どういうときに使うかな？というふうに、単純に考えてみるのです。そしてまた、先にお伝えしたように、一音の響きには正反両方、ポジティブやネガティブ、どちらものニュアンスが含まれています。お友だちを見つけて嬉しいときに、「あーっ！」と言うし、せっかく作ったケーキを落としてしまったときにも「あーぁ」と言います。「とってもうれしい」ときも、「とってもがっかり」なときにも、感嘆の音、「ア」なのです。

こんなふうに、カタカムナ的な捉え方では、その音も形もじつは女性たちや子どもたちなど感受性が豊かな方たちに、まずはシンプルに響いてもらえるものだろうと思っています。

日本民族は世界有数の絶滅危惧種？

日本は今では人口一億人以上ありますが、民族としては先進国の中でも圧倒的な減少スピードで絶滅危機に瀕しています。人口の統計予測はほぼ外れがないそうで、ご存知のように、これからもさらなる少子高齢化により激減していく予定です。

よく知られるようにはなってきましたが、２０１8年時点のデータでは減少スピード一位の国は紛争が起き、チェルノブイリのあるウクライナで、三位は経済破綻となったベネズエラでした。ただ日本では紛争も経済破綻もないにも関わらず、「自然減」で世界第二位の減少率となっています。

もちろん先進国はほぼ軒並み少子高齢化に向かいますし、自然環境やこれからの食糧事情のことを考えれば人口の減ることは一概に悪いことではないかもしれません。ただ、母音の言語のルーツがポリネシアでも失われていったため、この日本にしか残っていないとしたら、日本語を話す人、日本語の響きを理解できる人が減るのはとても残念なことのように思います。

独特の文化の希少性でいえば、以前にイタリアの世界遺産や遺跡を旅していたときに、「今、みなさんが喜んで見にきているのは大理石がはがれた廃墟ですよ」と、イタリア人のガイドさんが言ったことを覚えています。一方、日本で大切にされている「伊勢神宮」は世界遺産ではありません。その理由は、お伊勢さんは「遺産ではない」からだそうですね。いまだに20年ごとに遷宮が繰り返され、あらためられて活きているから、「遺産」にはなりえないのだと聞きました。

今、日本は世界中からの観光客であふれています。地方に残っている風習や地名も、古代のままに残っていたりしますから、日本は地球上でもかなりワクワクする貴重な場所だとあらためて感じます。

ルーツに誇りが持てること

世界では、先住民族である多くのネイティブの方たちの国土や国家、その言語が失われてきました。シアトルの大学でも授業がありましたが、シアトルという地名も、もともとはネイティブの酋長のお名前で、通常の英語を話す人には発音できない音なのだそうです。

私が留学していたころに出会ったおばあちゃん世代の方は、子どものときに「英語を話す学校」に入れられたそうで、「うっかり自分たちの言葉で話そうとすると、手の甲を叩かれたんだよ」と教えてくれました。誰がどうという話でなくても、それは争いごとの多かった厳しい世の中で、世界中で行われていたことなのではないかと思います。

「神話を語り継がない民族は滅びる」または「言語が失われるとその文明や文化が失われる」と聞いたことがあります。それは自分のルーツ、身近なことでいえば生まれ故郷や実家など、自身のよって立つ根っこに思いや関心があるか、またそこに誇りを持てるかどうかということに通じているように思うのです。

虫の声が「チンチロリン」と聞こえるということ

日本語の響きには、擬音語、擬態語がとても多いといわれます。たとえば子育て中のママさんたちは、毎朝「もー、サッと!」と子どもに言いがちかと思いますが、その「サッ」とすることが「早く」することだというのは、不思議と小学生にも分かりますね。日本語を学ぶ海外の方に伝えるためにはさらに言葉が必要になりますが、この語感や感覚の違いがいわゆる「日本語の脳」というものだそうで、研究されている先生方もおられます。

秋に「チンチロリン」と虫の音が聞こえる。また「しとしと」雨が降ったり「そよそよ」風が吹くなど、日本語には豊かな表現が数えきれないほどあります。日本語の脳は、こうして自然の中の音を言語として認識するというのが特徴なのだそうです。

日本語以外の言語を母国語としている方たちなら、これらをエアコンや車の音と同じように単なる「ノイズ」として捉えるといいます。この特殊な音の振り分け方は、11歳くらいまで、だいたい小学校低学年くらいまでに日本語を母国語としているとそうなるらしく、

「サッ」というと「早い」ことなのだと分かるようになるということですね。「スーッ」とするというと風が通るのだと分かるし、「カッ」となるなら「火がつくような感じ」が私たちには自然と伝わります。

ただし、私は「日本人」が優れていると強調したいわけではもちろんありません。ですから、あくまで「『にほんご』ってすごい」よ、ということをお伝えしています。そして、「日本語」を母国語としたときに、脳で特殊な振り分け方が出来上がってくるなんて、やっぱり言葉が意識に与える影響は大きいのだと思うのです。

05

基本のサヌキアワ

原始宗教的なつながり

ご縁のあったアメリカのネイティブの方たちは、ストーリーテリング、口伝や民話の形で叡智を伝えることをされています。私は日本でそのような集まりの通訳をさせていただく機会をいただいたのですが、そこで教わったことの中にカタカムナと通じるなあと思うお話がありました。

日本人とネイティブの方たちと共通するという「アニミズム的」な精神は、いわゆる「原始宗教的」であるといわれるものらしく、たしかに日本にも古くから八百万の神さまのような捉え方があります。私自身、そしてカタカムナに興味をもたれる方々の中にも、滝やイワクラさんと呼ばれる巨石、大木を訪ねるのが好きという方が多いように思います。

そういえば日本の神社も、もともとはお社自体をおまつりするものではないようです。町なかに存在するのは人々が集まりやすいようにお社を作られたという、いわゆる里宮と呼ばれていて、本来敬われていたのはその背後にあるお山自体であったり、滝、ご神木そのものなのだったと聞きました。

ネイティブアメリカンの方たちに教えてもらったことは、「今のアメリカの建国憲法は最初、ほぼネイティブの人たちのルールをとり入れてつくられたんだよ」ということでした。それは自由や平等、という基本的なことのようでした。

おばあちゃん委員会とカタカムナ

ただし、さすがにその当時の白人社会でとり入れられなかったルールがあって、それが「グランマズ・コミッティ」というものなんだそうです。直訳すると「おばあちゃん委員会」ですね。

「おばあちゃん委員会」というのはどんな機能を果たしていたかというと、部族のチーフや長老たちが集まって合意したことを最終的に持ち込むところだったそうです。つまりは彼らにとっての「最高決議関」です。なぜおばあちゃんたちだったのでしょうか？

それは、「おばあちゃんたちは命を育む難しさと尊さを、同時に理解しているから」だと教わりました。だから自分たちの命の、最終決定をする役割なのだそうです。

アワは命の方向性を示す

これがなぜカタカムナと通じるのかというと、カタカムナでは「アワは命の方向性を示す」ということが伝えられているからです。

「サヌキ」というのは男性性のことを表し、「アワ」というのが女性性のことを表します。「東男に京女（あずまおとこにきょうおんな）」のようにして、関西では今の言葉でも残っているのが、「サヌキ男にアワ女」という言い回しです。男といえば讃岐・サヌキ、女といえば阿波・アワがいい、という表現ですね。

「エヒメ　サヌキヂ　アワ　トサヂ」というのは「カタカムナ ウタヒ」の、三十三番目に出てきます。もしかしたらこの概念を、もともと「私たちは知っていた」ということを思い出せるように、先人の方たちが四国の地名として埋め込んでおいてくれたのかもしれないと感じています。

〈サヌキ〉とは、オトコ（男）の本性、〈アワ〉とは、オンナ（女）の本性のことである。何かをしたいという意欲をもち、目的に向かって突き進むのが〈サヌキ〉の性。前後も見ずに飛び出そうとするサヌキに対し、それがうまく行くように前にまわり後にまわり、右に左に「ココロ」を配って、その安全を守ろうとするのが〈アワ〉の性。

相手に対し、まず反発的に自己を主張し、相手を否定してまで、自分を通そうとするのは〈サヌキ〉の性。相手が突き進んで来ればまず身をよけて通してやり、それから相手が同じ心ならそのまま受け容れ、合わない時は合うようにしむけ、とにかく相手に順応しようとするのが〈アワ〉の性。

「相似象学会誌」より

サヌキは困難なこともやり遂げる

サヌキというのは男性性なので、性質としてその音のとおり「差を抜きたい」というものです。比較や競争をすることにより「俺はどこまでやれるのか」と力を試し、抜きん出たいわけですね。

たとえば男の子たちは、長いものを持たせるとチャンバラをしますし、広いところで退屈するとかけっこを始めます。しかも「抜きたい」のですから、やるなら勝ちたいのがサヌキの質です。男性性は質として、もちろん女性の中にもあるものです。自分らし「サ」を貫き、外へ表し、表現したいというのもサヌキの性質からくるものとなります。

淡路島は『古事記』では「淡道之穂之狭別島（あはぢのほのさわけのしま）」と呼ばれています。「あはぢのほのさわけのしま」の「さ」は「狭い」と書くように、「狭いところを貫きたい」性質から、男性の身体のしくみもそうなっています。

狭き門であるとか、困難であるからこそ挑戦したい、そして貫くということは初志貫徹する一貫性があります。目標を設定して、始めたことをまっすぐに最後まで形にすることをやり遂げる、それがサヌキの力です。

アワは命の始まりから終わりまでをみとる器

それに対して、アワというのが女性性のことです。音からしてもやわらかくて、どちらも母音が「ア」なので、発音すると自然と口が開きます。「ア」から「ワ」まで、「命の始まりから終わりまでをみとる器」というふうに、いつも表現しています。

心理学の分野でも、女性性とは受容性であったり、包括する性質といわれます。アワというのは、先ほどのサヌキの質とは逆で、泡といえばシャボン玉か、子宮の卵膜のような、透明なゴムボールのようなイメージです。

男女とも、身体の消化器官は口から肛門までの筒状になっているといいますが、女性の身体はさらに中空となっていて真ん中が空いています。エネルギーの通り道であり器であるように、赤ちゃんを授かり包み込むこともできます。子宮はたしかにゴム風船のように伸び縮みしますね。

そして昔から、女の人がお家で行う仕事というのは、基本的に「泡を使うこと」が多いものです。人は生きていれば汚しますから、日々お洗濯にしてもお茶碗を洗うときも、泡で洗いますね。アワの在り方は「洗顔」がいちばん分かりやすいと思いますので、それを例にお伝えしていきます。

包み込んで、浮かせて、水で流す

石けんはまず、水がなければ泡立たず、泡立たなければ汚れは落ちず、また、ゆすぎのときにも水が欠かせません。それも女性性はよく「水」で象徴されることと共通していると感じます。

洗顔法といえば、「石けんをちょっとつけて乱暴にゴシゴシするのはダメですよ」といわれていますね。できるだけ細かいクリーミーな泡をたっぷり立てて、包み込んで、汚れを浮かせて、洗うほうが良いといいます。アワは「包み込んで、浮かせて、水で流す」。それはその場を浄化する働きです。

たとえば、洗剤のCMのイメージをしてもらえればと思います。CMによくある、油汚れが水にふわぁ〜っと浮かぶ映像です。無理やりこそぎ落とすものではありません。あくまで「力づくでない」ことがポイントで、「あ〜れ〜」という感じで汚れが浮いて、水でふわ〜っと流される。これが泡の浄化の分かりやすい表現です。

七代先のことを考えるおばあちゃんたちへ

ここを力と力でやりあっては元の木阿弥で、いつまでたっても仕返しが続き、ケンカが終わらないということなのでしょう。

先ほどの、ネイティブ・アメリカンの方たちの世界観では、「七代先の子孫のことを考えて、ものごとを決める」ということが伝えられています。経験が豊かで、ものごとを長い目で見られる、成熟したアワであるおばあちゃんたちは、「命の方向性」を知っている存在だということを彼らは認めていたのですね。

２０２０年以降は、女性の半数が50歳を超えるという少子高齢化が進む日本では、これからおばあちゃんたちが全人口においても大半を占めるようになっていきます。少しずつ女性原理で世の中が動くようにシフトしていくならば、おばあちゃんたちはその自覚を持って、むしろより良い「サヌキアワのバランス」を整えていけるタイミングなのではないかなと思っています。

シフトのための大事なフレーズ　「いだきまいらす」「ことむけやはす」

この「いだきまいらす」と「ことむけやはす」のフレーズは、サヌキからアワへシフトしていくポイントではと思うので、いつもカタカムナとともにお伝えしています。「いだきまいらす」と「ことむけやはす（やわす）」という言葉は、カタカムナからのものではないのですが、もちろん「やまとことば」であり、同じルーツをもっているものではあります。私自身も今の言葉に、より近くて分かりやすかったので、この二つのフレーズのことをいつもお伝えしています。ちなみに漢字はいろいろに表記されますが、どういうことかは音の響きで何となく伝わると思います。これらはもともとの『古事記』や『日月神示（ひつきしんじ）』という、古い書物から学ばせてもらったものです。

「まいらす」というのは「歩く」や「行く」というよりは堂々と、凛々しいイメージですね。もとになる『日月神示（ひつきしんじ）』という不思議な書物には、「悪をいだきまいらせよ。善もいだきまいらせよ」とあります。「一見悪そうに見えるものも否定せず、もうそれも抱えたまま進みましょう」というのが、変化に適応していくタイミングに大切なメッセージなのではと思っています。

いだいたまま、堂々と歩いていく「いだきまいらす」

今、気候や経済にもさまざまな変化がありますが、サヌキまわりからアワまわりにシフトしていくタイミングには、予測不能なことも起こり得るかもしれません。

サヌキ的な右肩上がりの直線の世の中が、先行き不透明になり変わっていくとしたら、一時的に混乱が起こる可能性をもつ時期でもあるためです。ただ変化に適応しようにも、サヌキ的な性質にとっては良くも悪くもその真っ直ぐな性質から柔軟性に欠けるため、「引っ込みがつきにくい」場面も多くなるのではと思うのです。

サヌキ的な大きな動きよりも、アワ的な小さな単位から、身近な子育てや夫婦間で「いだきまいらす」や「ことむけやはす」ということが、今後は大切になってくるのかもしれませんので、もう少し具体的にお伝えしていきます。

育児でみる「いだきまいらす」場面

普段の生活でいえば、たとえば子育てだったら、二歳くらいのお子さんがスーパーやショッピングモールの床に寝転がって「買って〜！」とぐるぐる回っているようなイメージをしてみてください。夕方の買物の時間帯によく見られる光景ですが、いったん騒ぎ出したら引っ込みがつかない状態です。ただ眠いとか暑いとか、はっきりとした理由はないかもしれませんが、これは本人にも止めようがないものではないでしょうか。

それを「いだきまいらす」でいえば、「はいは〜い。そうだね〜」とつぶやきながら、すみやかにお子さんを小脇に抱えて、悠々とスーパーを出て行くのです。「だいきらい！」とかいわれてバンバン足蹴りされながらも、「うんうん、そうね〜」と動じず、抱えたまま歩き続ける。ひとつにはそんな感じが「いだきまいらす」場面のイメージです。

どなたもそうだと思いますが、最初の子育ては、どうしていいか分からないことだらけですね。大泣きされた時点で、「お店に迷惑がかかるなあ」「なんで私だけこんな目に…」などと、どんよりしてしまうのではと思います。

限界値を超えて養われるもの

お仕事でも、子育てでも、介護でも、さまざまな段階で、とくに家族や身近な人たちに対することでは、少しずつの経験値を積み「いだきまいらす」必要のある場面が次から次へとあるものですね。

カタカムナでは、自分自身の「アワの量」が今までの限界値を超え、養われることを繰り返すことによって器が徐々にストレッチされ、鍛えられていくといいます。そうしていつの間にかアワが豊かになり、大きな器でもって、同じことが起こったとしても悠々と歩いて行くことができるようになるのでしょう。

お仕事でいえば最初と、三年経ち、十年経ったころの違いですね。また、子育てでいえば一人目、二人目と増えていくにしたがって「まぁ夕方だし、仕方ないね」というような感覚になると思うのです。

アワを養うのは、ひとつには「理不尽と付き合うこと」であり、「正解は無いことを知る」ことでもあると感じます。

キャリアや介護の場でも

親御さんの介護の現場や、プロとしてのお仕事でも、数々の修羅場をくぐり抜けて来られ、大きな痛みをも知る方々に出会うとき、その方の存在感は何があってもビクともしない安心感をまわりの人に自然と与えてくれます。

カタカムナの「相似象」でいうところの「相い似通った」パターンでいえば、自分自身の感情のうち、割り切れない気持ちや至らない自分、いわゆるネガティブな感情も、もうまるっと抱えられる自分となれるよう、胸を張って前を向いて歩いて行きましょうということかと思います。

言葉を手向けて、その場や気持ちをやわらげる

「やはす」というのは、状況や相手の気持ちをやわらげること、となんとなく捉えられます。「やはす」とも「やわす」とも書くようで、言葉を手向けて状況や相手の気持ちをやわらげる、それが「ことむけやはす」の意味かと思います。

「言葉を手向けてやわらげる」ことの、もともとのヤマトな心持ちというのは、たとえば「おかげさまで」「あなたがあって」と、相手に花を持たせるということでもあるでしょう。以前にこのことをお伝えしていたとき、お母さんとの関係が長年つらかった、と言われる方がこんなお話をしてくださいました。

その方は数年かけて、お母さんに「子どものころ、あれがつらかった、これがこうだった」と、勇気を持って伝え続けられたそうです。でもお母さんも、きっとそう言われてもあまり気持ちの良いものではないから、何も答えてはくださらなかったようです。それがあるときやっと「悪かったね」と一言おっしゃったそうで、「不思議なのですけど、それで全部溶けたんです。だから『ことむけやはす』って分かります」と教えてくださいました。

言葉というのはそういう働きがあるのだと思います。介護や子育ての連携でも、お互いに「おかげさまで」とか「ありがとうね」と添えるだけでも、状況や気持ちがまったく変わってくるであろうこともその例なのではないでしょうか。

ことむけやはした、おじいちゃん

ほかにも「ことむけやはす」について、こんなお話を聞きました。

お酒呑みで、包丁を持って暴れるようなたいへんなおじいちゃんをもった方がいらっしゃいました。おじいちゃんが年老いて入院した際、酸素マスクをされていたそうですが、とうとう最後の時間になったとき、酸素マスクを外してそばにいたおばあちゃんをぐっと抱き寄せて、「愛してるよ」と言われたのだそうです。それが孫から見てもすごくかっこよかったとおっしゃっていました。

おじいちゃんなら年代的に「今までありがとう」「世話をかけたな」だったら、考えられる話かもしれません。でも、おじいちゃんが「愛してるよ」と言って亡くなられたことが、それからを生きていくおばあちゃんの人生に大きな影響を与えただろうことは想像できます。

これはまさに一言です。けれどおばあちゃんが「この人と結婚して幸せだった」と思えたのだとしたら、そのお子さんたちや孫たちにも大きな影響を与えると思うのです。言葉にはそういう作用があって、そんなことを少しずつ毎日の生活で使っていけたら、いずれはもっとスケールの大きなことも「やわして」いけるのかもしれないと感じています。

優れたものはよそから入ってくる?

こうした「響き」で伝わる「やまとことば」に対して、「漢字」は中国語を表わすための漢民族の字で、たしかに、倭、和の字、とは書きません。その漢の字が「本当の」という意味をもつ「真名」と呼ばれて、日本でも公用文書は漢文で書かれていた時代もありました。

それに対して「仮名」は「仮の」と書きます。しかも「平仮名」の「平」は、平たく簡単なという意味でもありますが、「平社員」や「平凡な」というときに使われるように「ありふれている」「たいしたことはない」というイメージもあります。たしかに学校でもひらがなでは評価されず、漢字をたくさん知っているほうが賢い、というふうになっていますね。また、カタカムナに音が近い「片仮名」にいたっては「片一方の」という意味であり、「完全ではない」「半分の」というふうに感じられます。

外から漢字が入ってきて、それを簡単にしたのがひらがなであり、それをさらに簡略化したり一部をとったものがカタカナだと私たちは教わってきました。国語でも社会でもそのように習うためか、私たちは「優れたものはよそから入ってくる」と何となく思い込んでいるところがないでしょうか。

言葉に関して男性的・女性的という見方をしてみると、「漢文の時代」はまさに男性的です。女の人はまず近代に至るまで教育の機会がなかったために、女性はひらがなで書くという文化があったのでしょう。それはやはり、今までが長い間「サヌキの時代」だったということともリンクしています。

もともとの「音」に漢字があてられた

全国各地の神社を訪ねてみると、たとえばスサノオさんのような有名な神さまであっても「素戔嗚」「須佐之男」と、場所によって漢字の表記は違います。イザナギ、イザナミさんの「イサ」という漢字も「伊佐」「伊射」「居去」と、たくさんのバリエーションがあります。思えば、昔はそれこそインターネットで検索などできませんから、「おそらくこの漢字がふさわしいのでは?」と各地で決められたことの違いが、今ではマップで一覧できるようになったのだと思うのです。

また、邪馬台国と卑弥呼については教科書に出てきます。これは日本だけではなくてほかの国でも同じような漢字があてられているのですが、たとえば「邪馬台」というのは字をよく見たら「邪悪な馬の台」と書くし、卑弥呼に至っては「卑しい人」と書きます。ところが日本には「ひみこ」「ひのみこ」という地名やお社が残っていて、これらは「日御子」「氷見」「火之御子」と書かれていたりします。ですからもとの音でいえば「火・陽の御子・巫女」などの意味が、本来なのではないかと思ったりします。そして「ヤマタイ」は「ヤマト」としてみれば、「ヤ・八百万の」「マ・間を」「ト・溶け合い、統合させるようなところ」というのが、カタカムナでみれば、音じたいの意味合いになります。

私自身も教科書に書いてあることを最初に覚えましたので、その漢字を何も考えずに暗記したことを思い出して、それも残念なことだったなぁと後になって思いました。

土壌的にアワが強い?

「優れたものはよそから入ってくる」感覚も、日本は「瑞穂の国」と呼ばれるほどに森林が多く水が豊かで、その四季の移ろいがある土地に住まう人たちは、そもそも「土壌的にアワが強い」からなのだろうと思います。そのひとつの例として、日本ではなぜか「逆輸入のものが好まれる」ように感じていたことがありました。

豆腐や味噌、和食が健康的だといわれ見直されてきたことは、西洋からの発信がきっかけでした。また、マクロビオティックやレイキなども、海外で評価を受けたことから、あらためて日本に浸透したように思います。

このように外からの評価を受けて、初めて自己評価が上がるというようなことは、まさにアワの性質ですので、日本は全体的に男女関わらず「アワ＝女性性」が強いのではと思うのです。

アワが裏目に出ると自虐的になる

カタカムナでは、「アワは裏目に出ると自虐的になる」といわれます。

どちらかといえば内向的で、「自分なんて」と自己の価値を認めにくい傾向があるのかもしれません。けれど女性性が強いともちろん良い面もあって、災害時にも比較的おだやかに助け合えたり、暴動などが起きずに秩序が保たれることなどはよく評価される点です。

また日本では、道を歩いていて海外の方に道を聞かれたら、できるだけ相手に伝わる言語で答えてあげようとしますね。「せっかく訪ねて来られたのだから、分かるように答えてあげたい」という気持ち、それがいわゆる謙虚さでもあり美徳だといわれますが、答えられないと「私の勉強不足だ」と自分を責める傾向もあって、いわゆる腰が低い、のですね。反対に日本人が海外に行った場合には逆のパターンは考えにくく、フランスはパリで道を聞くとしたら、日本語で返してもらおうとは、こちらもまず期待しないのも不思議なことです。

アワが自虐的になる感じは、PTAで「どなたか代表で挨拶をお願いします」というようなとき、誰も手を挙げないようなことも「目立つのが苦手」「自信がない」というアワな性質の一例だったりしますね。ただこれからの時代には、こういったアワ性の豊かな人たちにこそ、「命の方向性を示す」感覚を取り戻していってもらうことが大切になってくると思っています。

06

音の響き

カタカムナ的な音の捉え方

次に紹介する文章は「カタカムナ」のことを学ぶにあたって根本となっている「相似象学」の資料からのものです。ひとつひとつの音のカタカムナ的な捉え方をもとに、ここからはいくつか例をあげて一音の響きのことを共有していきたいと思います。

今日の日本語の語源は……
上古代に、カタカムナ人の鋭い直観によって
天地宇宙の、万象の発するヒビキを感受し
それを人間の発音しうる、ほぼあらゆる声音
(四十八個)にうつして、整理したところにあったのである。
したがって、日本語の四十八の一音一音は
おのづから、天地宇宙が、そのようなヒビキを発して居る
さまざまな様相を、表したものであった。

それで、そのような音を
二個三個と組み合わせて構成される日本語は
当面の意味の奥に、つねに、それぞれの音の意味する
天然宇宙のさまざまな様相のニュアンスを
ひとりでに包蔵して居ることになる。

「相似象学会誌」より

勢い速まる「サ」

私は以前、日本語を教えるボランティアをしていたことがあるのですが、その時、海外の方たちから「サッとする」ことが「早くする」意味だとどうして分かるのか問われても、答えられなかったことがありました。

「サ シ ス セ ソ」の音はぜんぶ、歯のあいだを空気が通る音です。狭いところを通るとき、

風や水のスピードが速まる、勢いが強まるのですね。和歌でいうと「瀬をはやみ」で、水は瀬を流れるときは流れが速まります。サ行の音は、さわやか、サラサラと、まさにスピーディな感じがします。

先にお伝えした、ママさんたちが言いがちなセリフ「もー、サッと！」は、「モ・サ・ト」という、三つの音しか使っていません。「モ」というのは、まさにもやもやした状態で、海でいう藻の状態を表わします。「モ」もやもやしたこの感じを、「サ」っとスピーディに「ト」統合させてくれ、ということですね。たったの三音なのに、見事だなあと思います。

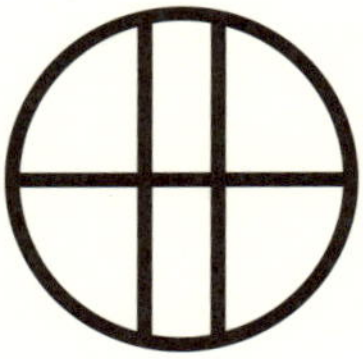

サ・さ・Sa

差　さえぎり　分けられた
…らしさ　違い　狭いすきま
裂く　咲く　柵　作　爽やか
サヌキ　サッサと　先　様　沢　サラ
さかえる　さがる　捧げる

絶妙に満たしてくれて、何もない「マ」

わりと世界的に共通で、「マ」というのは「おかあさん」を意味することが多い音です。「マミィ」とか「マンマ」、中国語でも「マー」ですね。

赤ちゃんが最初に「マンマンマ」と言い始めるころ、おなかがすいたのか、ママを呼んでいるのか、分からないような時期もあります。人間は哺乳類なので、文字通り母乳を飲むため、それを上手にしぼりとるために唇があるといわれます。「マミムメモ」は、その唇を使う音です。

唇を通じて最初に発する音が「マ」となりやすいらしく、「ママ」も「パパ」も「バァ

マ・ま・Ma

宇宙の　はじまりの　ようす
時間　空間　間　真　魔
ちょうど　ハマル　もの
球空間　アマ　アらゆる　マ
ヤマト　マンマ　マコト

バ」も発音してみると、唇を使いますね。ただ「ジィジ」だけちょっと距離感がありますが、ジィジはおそらく定年後に再就職されていたり、畑やお庭に出ているでしょうからで、赤ちゃんが呼ぶ優先順位によって自然と呼び方が決まってきたものなのかなと思います。

ごはんのことを「マンマ」と言います。おかあさんは「胸に食糧を抱えて運んでいる人」で、まさにおっぱいは、ポータブルなごはんです。だからおなかがすくのも、オムツが気持ち悪いのも「マンマンマ」とあの人を呼びさえすれば「マに合う」わけです。

こんなふうにママとマンマは、赤ちゃんの立場からすると同じ意味を持っていて「ちょうど良く、間に合わせてくれるもの」だったりします。反対の意味でいえば、何かがしっくりと埋め合わされないとき、「間がもたない」とか「まぬけ」とか言いますね。また誰かがケンカをしているときには「さあさあ」とか「むうむう」とは言いません。「まあまあ」と言えば、不思議と場が収まるものなのです。

何もないことそのもの

舞台の練習などで、「今の間が良かった」ということがありますね。それは、いったい「何」が良かったのでしょう？「絶妙な間」というのは絶妙な何なのか、あらためてほかの言葉で言い換えようとするとなかなか難しいものです。「間」は何もないことそのものであり、この場合は目に見えない空白のことを指しています。

アマテラスさんの「アマ」も「あまねくマ」「あらゆるマ」のことだそうですが、アマという音は漢字で書くと「天」「海」「女」ともなります。でも、この「マ」という音のやわらかくてお母さん的な響きや、ちょうどよくすき間を埋めてくれるものという感覚をひっくり返すと、「魔がさす」と言うときの「マ」にもなります。

たしかにママを怒らせたら、小さな子どもにとっては一大事です。両方の側面をもつので、一音ですが裏を返すと真逆の感覚にもなり得る例です。

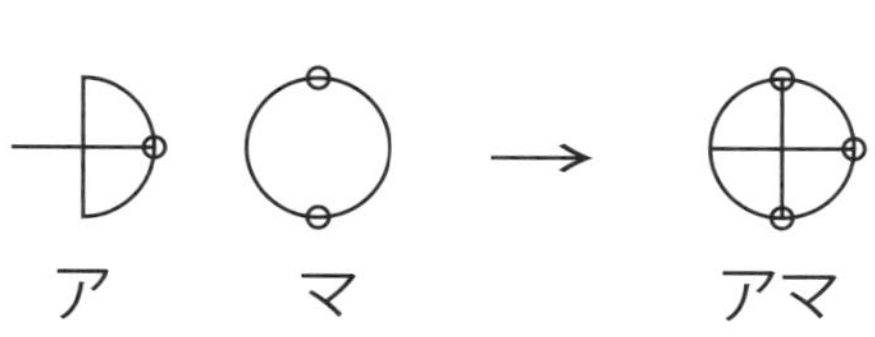

見えないところでつなぐ「ネ」

女性の名前によく使われるのが「ネ」ですね。

我が家には三姉妹がいますが、女子たちは年長ぐらいになるとすでにグルーピングを始めます。Aちゃんグループ、Bちゃんグループができあがって、ほかのグループを横目に見ながら「ね〜」と示し合ったりします。いかにも女子っぽいのですが、これは大人になってからも、オフィスの片隅やランチの時にも見られるやりとりです。

たとえばPTAでお母さん方は会のあと、廊下にちょっと出てから「ねぇ〜」と目を見合わせることがありますね。その場で具体的に「ことあげ」などしない、名指

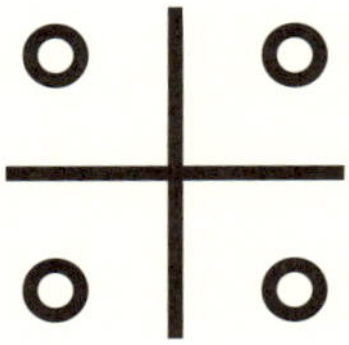

ネ・ね・Ne

根っこが　広がる　根拠　充電
充実する　満たす　根ざす
根　寝　音　値　眠る　練る
ネツ　マネ　フネ　願う　念
ねらう　ねばる　ねぎらう

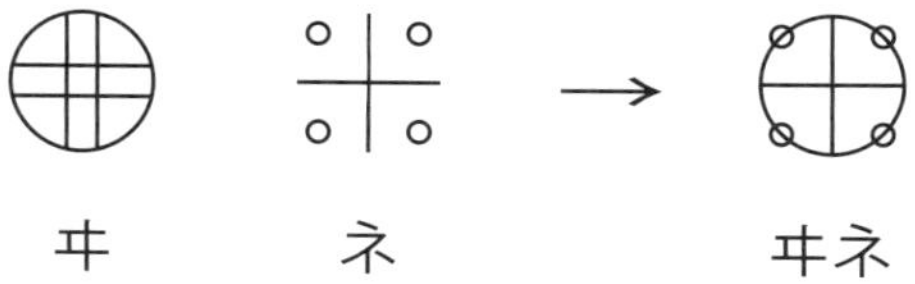

しにもしませんが、あとで暗黙の了解であるカフェに行って、好きなだけおしゃべりをします。

「ネ」は一音ですべてを推し量ることができる優れたコミュニケーション術です。そして「根っこ」であるからこそ、基本は表に出ません。水面下の動きで「私たち、根底でつながってるわよね〜」というのが「ネ」のやりとりです。

だから、根深い、ねちっこい、ネチネチ、とも言いますが、同時に例として農業をされている人はイネ科の植物、雑草がいかに生命力が強いかということをよくご存じかと思います。生えてきたとき、目に見えるまで現象化したときには、もう遅くて、地下ではすでに、根が広がっています。それぐらい生命力が強く、日照りや水害にも耐えうる稲（ヰネ）が、長く日本で人々を養うための、主食になっている由縁でもあるのでしょう。

表も裏も共感の音

そんなふうに、「ネ」という音にも表裏両方の意味があって、「ね〜」という陰な感じのコミュニケーションも、表に返すと変わってきます。通訳をしていたとき「これどう訳そうかな？」と迷ったフレーズは「よかったね〜！」というコメントでした。

日本語は「あいまいな言語」で、一人称、二人称がないともよくいわれます。たとえば無事に赤ちゃんが生まれて「よかったね〜」と言ったときの主語は誰になるでしょう？

「ネ」をつけずに「よかった〜」というとき、主語は明らかに「私」です。けれども「よかったね〜」というと、とたんに感覚的な主語は「みんな」になります。「よかったね〜」だと、「もちろん私もうれしいし、ご家族もお友だちも、みーんな喜んでるね」というくらいまで、主語が広がります。根っこはつながり、広がっていくものだからです。こんなふうに「私もあなたも同じように感じてるよね〜」という「ネ」は、共感の音ですね。

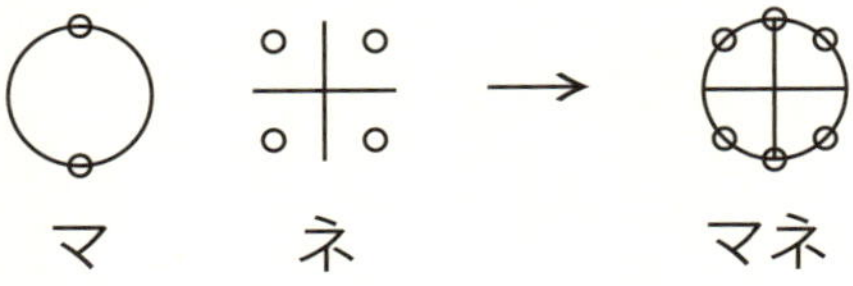

私の思うに、日本語の万能のコメントというのは「まあね〜」です。これは相手が怒っていても喜んでいても使えるコメントで、実は内容的には否定も肯定もしていません。要するに何にも意見を述べていないのにもかかわらず、なぜかその場が収まるのです。

それは「マ」の威力と「ネ」の威力が合わさっているからで、「マ」は「すべてのすきまを埋める音」であり「ネ」は「すべてをつなぐ音」であればこそだと思います。

「始源の・無限の」パワフルな「カ」

次は、一音の形の成り立ちのことをお伝えしていきたいと思います。

「カタカムナ」には「カ」の音が二回出てきます。「カ」の形は、十字の最初のところに丸があります。ここに丸があるのは「ヒ」「ア」「カ」などの音で、日本語でいうとどれも「明るい」「始まりの」ニュアンスがなんとなく感じ取られると思います。ですので「カ」という音も共通して「始まりの、もとの」「始元の」という思念があります。

それから「カ」という音には外側の大きい丸がありません。外側の大きい丸は惑星でいうと軌道を表すそうです。惑星の軌道はレールが敷いてあるわけではありません。でもそこからしょっちゅうはみ出したり、飛び出したりはしないものなので、「この制限、周期性をもって、この範囲内で動きます」ということでもあります。この大きな丸、惑星でいえば軌道がないということは、「制限がない＝無限の」ということを表しているのです。

合わせると、「カ」という音は「始元の、無限の」という思念があるということです。たとえば憑き物をとるとき「カーッ！」と叫んだり、上司から喝を入れられたりと、「カ」という音はたしかに強いものです。「カ」と書いて「チカラ」と読むように、同じ存在でも呼び名によって「ママ」だとやわらかいけれど、「かーちゃん」は、たしかに絶対的権力者のように聞こえます。

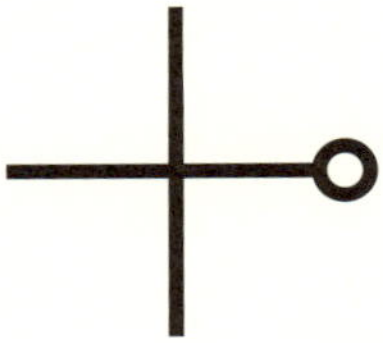

カ・か・Ka

始元の　無限の　チカラ
目に　見えない　生命の　根源
天然自然の　エネルギー
カン　カタ　カム　カナ　カミ　カカミ
カネ　カムカヘル　カゼ　カゲ

カタカムナでいう「カミ」って？

「カミ」という言葉も、カタカムナには出てきますが、あくまで「カ・始元の、無限の」そして「ミ・その本質」という意味になります。カタカムナで捉えられている「カミ」は、特定のお姿やお名前のある概念ではありません。どちらかというと、ネイティブの方たちの大自然を指す「グレートスピリット」と近い感覚ではないかなと思います。

「川上」というときの「上（カミ）」も同じで、始元の、無限の、川のみなもと、ですね。「カワ」は水が山で自然と湧いたり、雨が降ったりしたものがいつしか大きく集まったもので、私たちはありがたいことにその恵みによって潤い養えて生きています。「カワ・カミ」とは、それをもたらす無限の源のことを言っています。上古代の人たちはそういう感覚をもっていたからこそ「カワカミ」と表現したのでしょう。

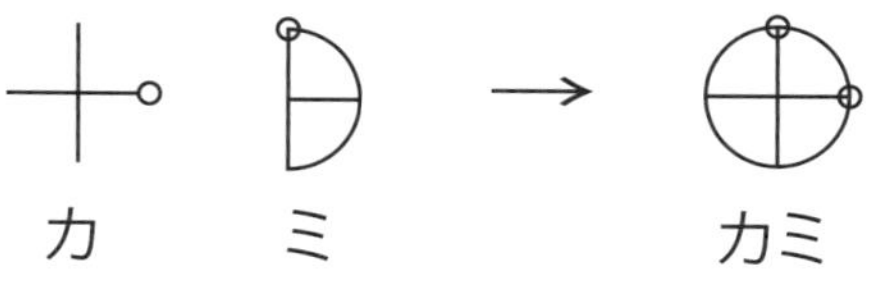

考えるは、「カム」に「カヘル」こと

カタカムナの「カムナ」の部分は、「ム」を抜いて「カナ」と表すなら漢字では「仮名」と書きます。ただ、「じんめい」「しんみょう」と音読みされる漢字では、「神名」と書かれているものです。「ム」が消えることで、「神」が「仮」になってしまうのだなあと思って驚きました。「カ」が「始元の、無限の」、「ム」が「見えないけれども充満しているもの」、そこに「核がある」、というのが「カムナ」という意味になります。

それから、「考える」という言葉も「カム」に「カヘル」ということだと学びました。「見えないところの根源に還る、もとに還る」と答えが分かるということでしょう。それがもともとの「考える」という言葉なのだということを知ったときも、なるほどなあと思いました。

「イマ」と「イマ」を聞き分ける

「音の組み合わせで言葉ができる」ということに関して、「イマ」という言葉を例にみてみましょう。

たとえば、小学生の子がお友だちを呼びに行って「〇〇ちゃん、いる？」とたずねるとします。「いまいるよ」と言われるか、「いまにいるよ」と言われるかで意味の違いは小学生のお子さんも聞き分けられます。「いまいるよ」だったら「さっきまで出かけていたけれど、今はいるよ」ということですね。現象に出る瞬間の【時間】のことを言っています。「居間『に』いるよ」と言ったら、「2階じゃなくて、リビングにいるよ」ということ。現象に出る瞬間の【空間】のことを言っています。「イ」は「現象に出る瞬間」です。そして「マ」は、時間のことも空間のことも、両方を表すことができます。

こうしてどちらも「イマ」と表現できてしまうように、日本語というのは抽象度が高い言語なのです。それゆえに「あいまいな言語」だといわれるのは、いろいろな意味合いを同時に多く含むためでしょう。想像ではありますが、おそらく古代では、ひとつの音で全部が伝わる感覚だったのかもしれません。多くを語り、細かく説明しなくても通じ合える感性が、もしかしたら私たちにも、もともとはあったのではないかと思います。

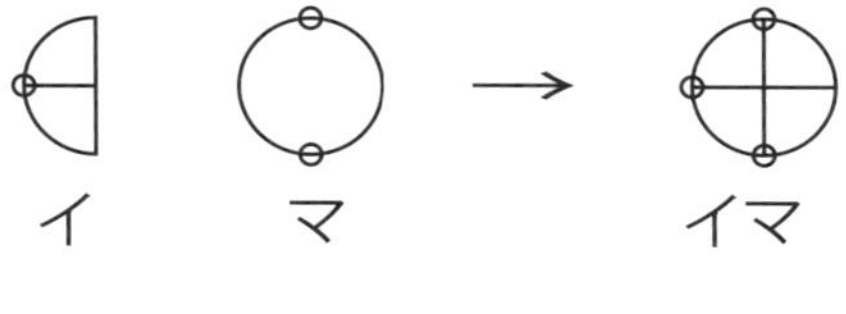

07

カタカムナの背景にあるもの

カタカムナはこうして発見された

戦後にカタカムナ文献を解読されたのは、物理学者の楢崎皐月（ならさき・こうげつ）先生で、それまでは世に出ていないものでした。

楢崎先生は戦時中は満州におられ、あるとき老師に出逢ってお茶をいただいた、というお話が伝えられています。木の葉わずか数枚でお湯が沸く釜を見て、不思議に思ってたずねたら、「日本には古代よりアシア族という高度な文明を持つ人たちがいて、八鏡の文字を使っていた。特殊な金属のこの釜も、もともとは日本のものだ」と聞かれたそうです。

その後、楢崎先生は日本に帰られてから、将来は食糧難になるだろう予測もあって、兵庫県は神戸の六甲山にある金鳥山というところで土地の電位の研究を続けておられました。その際、不思議な猟師風の「平十字（ひらとうじ）」と名乗る人物に出逢い、カタカムナの巻物のことを知ったとされています。

「アシア族」というと、神戸のその辺りには「芦屋（あしや）」という土地があります。今でも自然も豊かでいわゆる気の流れも良いためか、古くから大切にされているお土地柄で、そういえば「アジア」とも音が似ています。

日本独自の考え方のルーツ

カタカムナには、現代科学でも解明されていないような「宇宙のしくみ」「物質や生命の成り立ち」「宇宙の本質」「農業の技法」「病気の治し方」までもが記されているといいます。カタカムナを遺してくれた上古代の人々は、もしかしたら今よりよほど感受性も鋭く豊かで、天文学、物理学、化学、生態学、発生学、心理学、医学、農学までを、熟知していたのかもしれないといわれる由縁です。

カタカムナは「相い似通ったスガタ」を表わすものなので、応用の範囲もあまりに広いわけですが、何らかの分野の突きつめがあるとき、どういう摂理なのかがふと腑に落ちるものなのではと思います。たとえば私であれば感覚的、心理学的な捉え方をしているのみですが、今までお会いした方々のなかには、先ほどの各分野をはじめ、周波数に関することやデザインや色、アートや音楽に造詣が深い方もいらっしゃいました。

それぞれの「ミ」で積み重ねてこられたことがあり、皆さんがどんな下地をお持ちなのかによって、カタカムナはいろいろな分野で活かされていくように思います。

カタカムナが根底に流れるもの

農業技法である「植物波農法（しょくぶつはのうほう）」や「炭素循環農法（たんそじゅんかんのうほう）」と呼ばれるものも、カタカムナからのもので、各地で長年実践されている方々もいらっしゃいます。土地を表わす「イヤシロチ」「ケカレチ」という言葉も、そこにいると「癒される地」と「気が枯れる地」という意味で、建築などで床下に炭を埋めて場を良くするというようなことも、カタカムナの考え方からきています。

ほかにも、食に関してはマクロビオティックの『マワリテメクル小宇宙』ムスビの会・岡部賢二先生のご本が知られていて、そこからカタカムナが気になったという方もおられます。カタカムナを解読された楢崎皐月先生とマクロビオティック提唱者の桜沢如一先生はご交流があったそうです。

戦後の日本で活かされた可能性も

健康や医療に関することも、今でこそ「腸活」「菌活」などが流行っていますが、古くから「血液は腸で造られる」など「千島学説」を唱えられた千島喜久男先生もまた、楢崎先生とご縁があった方なのだそうです。ほかにも身体を整える方法にも活かされていて、その中ではカタカムナからきている言葉も広められていたようです。「文字自体については教わることがなかったので」と、概要を尋ねに来てくださった方もいました。

こうして日本において、哲学的、物理的な独自の根幹のようなものが、根底でカタカムナとつながっていることも多くあるように思います。また、戦後の日本は電気を使ったモノづくりで元気になったともいわれます。日本が高度成長期に、モノづくりで急速に復興したのは、世に出なかった「ウタヒ」の電気物理が水面下で役立てられたからでは、ということも伝えられています。

神秘的、宗教的に捉えないこと

カタカムナでいう音の響き、一音一音に意味があるというのは「音霊」「言霊」と呼ばれる捉え方ととても似ています。もちろんルーツが同じなのだから当然だと思いますが、「音霊」「言霊」というとちょっと神秘的になってしまうらしく、私は何となくそのように表現しないようにしています。

あくまでカタカムナは「宗教的なもの、神秘的なものとして扱わないように」ということが伝えられていました。なぜかというと、そのように扱うと必ず「上下関係が生まれるから」だそうで、そうするとおのずと互いの相違もはっきりとしてしまう、ということかもしれません。あくまで個々の感受性で、どのように受けとるかを大切にする、ということを示しているように思います。

特定の名前や姿のない世界

カタカムナが伝えるものは「もののことわり」、あくまで物理だということが重要で、それは「ただ、そうなっている」と表現されています。

東から陽が昇り、西へ沈む。そうしてなぜか次の日、また東から昇ってくる。「ただ、そうなっている」ようすにおいては、特別に偉い人は存在しません。特定の姿や名前もないのです。

世界のおもな争いごとは、「どの神さまが好きなのか」で起こっているともいわれます。

先祖代々、小さいころから、国や地域で敬い染み込んでいる宗教観、男女観が色濃い場合は、今後変化していくとしても気の遠くなるような時間がかかるように思います。ところが日本では、私たちの多くは初詣に行き、お墓参りをし、ハロウィンで騒ぎ、クリスマスを祝います。それどころか、山にも滝にも、樹木にも湧き水の一滴にも、八百万の神さまが宿っているという独特なもともとの感覚もいまだにあります。今のところ先進国と呼ばれる国で、そんな不思議なところがほかにあるでしょうか。

「すべてのものにスピリットがある」。そういう感性でなければできないことが今後あるように感じています。特定の、唯一絶対的な存在がはっきりしていないからこそ、多様な個性もフラットに捉えられることがこれからは大切であるような気がするのです。

古書に埋め込まれた音

また「アマテラス、イザナギ、イザナミ」などの音は、カタカムナのウタにも出てきますが、カタカムナでは神さまのお名前としてではなく「電気的な状態のこと」を表現しています。

音の響きでいえば、「ナギ」というのは海でいうと凪いでいる状態で、波立っていないから、まっすぐな男神（おとこがみ）さんのお名前なのですね。男性的な電気は直線的で、一本気なことを表わされているのでしょう。

「ナミ」は文字通り波打っていて、女性は身体にも、月のバイオリズムがあったりします。「あれもこれも、それもいいな」と揺れ動くのは女性らしい性質ですね。女性的な電気は曲線であり、巻いて波打っているから、それが女神（おんながみ）さん、イザナミさんのお名前なのでしょう。

カタカムナの音は一音一音が大切なので、間違えたり忘れたりしないように、のちのち神さまのお名前として遺されたのかもしれない、というお話も聞いています。

カタチの不思議「丸に十字」の世界の図象

形については、カタカムナ文字は「まるで宇宙ステーションみたい」とよく言われます。また、カタカムナに興味をお持ちの方には共通して、マ

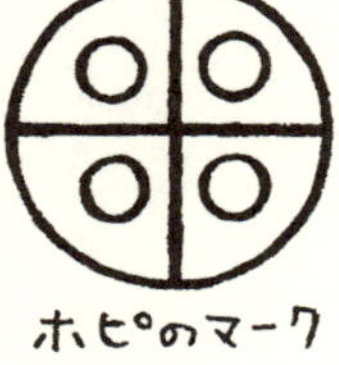

ホピのマーク

ヤ暦やホピ族の文化に親しまれている方なども多いように感じます。

鹿児島ではお菓子やお土産にも丸十字がたくさんみられます。ご家紋が丸十字の島津家は時代をまたがって長く続いたお家柄で、この形に強いパワーがあるということをご存じだったのでは、と聞きました。

シンプルだから受け取りやすい

丸に十字はとてもシンプルなモチーフであり、丸くて光っている十字の象徴でいうと、太陽を信仰するものと連想するのが自然かと思います。

私は、カタカムナ文字を「夢やイメージで見たことがあって気になった」と話す方たちにもお会いしています。この形を夢で見て、「とにかく伝えなくちゃ」と何度もお話会を開催してくださった方もありました。

形がシンプルだからこそ、世界中に似たマークが散らばっているということもありますし、カタカムナ文字はまさに幾何学的なため共通したイメージで受け取りやすいのだろうと思います。アーティストやデザイナーの方たちは、直観でインスピレーションを受け取って形にするということを常にされているので、作品や美術品のなかにももちろん、似通ったフォルムのものが多く存在しています。感覚には国境などないので、ボーダーレスにつながっているのではないでしょうか。

世界に散らばる文様

ネイティブ・アメリカンの方たちの「メディスン・ホィール」、これも「丸に十字で万象を表す」というのがカタカムナのデザインとまったく同じで、私自身はご縁があるためか、このことがとても響きました。

「メディスン・ホィール」は癒しの車輪であり、「生命の輪」とも呼ばれ多くの部族で使われています。東西南北や春夏秋冬、自然の四元素など、万象を「丸に十字」で表現されることは、もともとの根っこが同じなのかもしれないと感じています。

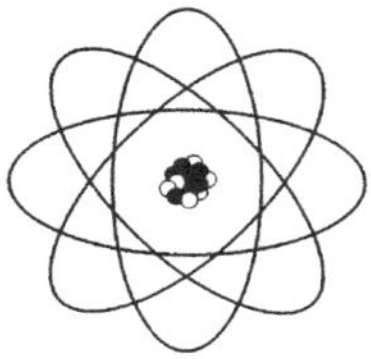

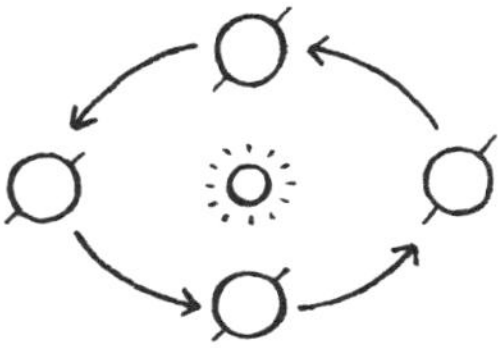

原子構造の形は、理科の教科書にも必ず載っているものですね。まわりを回っている電子が8個ある状態のとき、物質がいちばん安定するらしく、その状態を「オクタント」と呼ぶそうです。「オクト」というのはオクトパス、オクタゴンのように、もともとのラテン語で「8」のことです。カタカムナで「8」で物質が安定する、「やっつ」で「やすらぐ」というのと通じますね。

それからまた教科書に出てくる惑星の自転と公転はもちろん「マワリテメクル」かたち、そのものです。また、世界中の太陽信仰は結びついているともいわれていて、日本の場合は十六菊花紋で象徴されますが、たしかに「16」は「8」の倍数です。まったく同じ「16」の花弁のあるシンボルが古代シュメールの神殿にはたくさんあるそうで、ルーツが同じなのではという説もあります。「シュメール」というと分からないけれど、「スメル」というと「統べる」、統治する「スメラミコト」の「スメラ」とも似ているというお話もあります。

淡路島にも古代シュメールと関連のある遺跡などもあって、遠方から訪ねて来られる方々もおられます。

回収できないくらい「カタ」をばらまきなさい

ちょっと不思議な話になりますが、私がなんとなく感じているのは、たぶん今後、自分たちの次の世代の人たちが、カタカムナを実用していくのじゃないかということです。その時のために「カタをばらまけ」という短いメッセージを聞いた気がして、どれくらいばらまいたらよいのかなと思ったら「回収できないくらい」という感じを受けとりました。

「カタをばらまけ」というのはなぜかというと、型はぶれないからです。これをどう受け取るかは人それぞれのもので、個人的解釈は限りなくあり、理解には限界もあるけれども、形であるならばあくまで歪まずに伝わるのだろうと思いました。

また、ある先生が「大人はもう間に合わない。子どもに教えなきゃいけない」ともおっしゃったことがありました。私がお伝えするお話会に来てくださるのはほとんどが感受性の豊かな女性たちです。そして妊婦さんやお子さん連れの方が来られるときに見ていると、不思議と、「子どもが親を連れて来ている」ようにも感じます。これからの子どもたちがじっさいに何かに興味を持ちだしたとき、お母さんたちや周りの大人たちがびっくりしないように、前知識を持ってもらえるように大人を連れて来ているのかもしれません。大人たちに、より柔軟に捉えてもらえたら、次の世代の人たちがスムーズに動きやすくなるという感じでしょうか。

数秘術でいえば西暦２０００年以降は、これを直接読めるような子どもたちがそろそろ生まれてきていると読み解くこともできます。「新しい人たち」である子どもたちは「あぁ、これはね、こういうことを書いてあるんだよ」とスラスラと読み解きをしてくれる可能性もあるなあと楽しみにしています。

ありがたいことに、カタカムナのお話をしにロサンゼルスやハワイ、ニュージーランドなどにも行かせてもらいました。私自身もそうでしたが、海外に住んでいる日本の方々こそ、子どもたちの教育に関しても「日本語とは何か」ということを、より意識して生活をされる状況にあると思います。国内にいるから、海外にいるからこその在りようが、交流によってどちらも活かされていくと良いなと願っています。

日本だけがずっと日本？

ここからは、日本という端っこにある島国の不思議についてお伝えしていこうと思います。教科書にも載っている世界歴史年表のことなのですが、はずかしながら、最初に知ったとき、この捉え方は私自身したことがなくて驚きましたのであらためてお知らせしています。

それは諸説あるようですが、「日本は最初から今までずっと日本」だ、という観点です。年表を見るとたしかにヨーロッパはとても細かく区切られており、それぞれの転換期には混乱もあって大変でしたでしょうし、今後また政治的な変化もありそうです。基本的にはほかの国はよそから攻め入られて勢力が入れ替わる形で国のありようが変わってきているといいます。日本は幸いにして極東の島国で、現在まで危うい局面はあっても、たとえばいきなり全面的に押し寄せられたりということがありませんでした。

それこそ端っこの島の取り合いというのはおそらく昔からあったのでしょうし、今後もあるかもしれません。ただ、本州近辺に関しては「ある日突然、国境線が変わる」ということを私たちは体験したことがないのです。もちろん日本の場合は海岸線がボーダーライン、国境線なのでそれは人為的にはほぼ変わりません。それでも自然と古代から今に至るまで、国が奇跡的に残されているというのは貴重なことです。もし周りに小、中学生がいらっしゃったら、このこともあらためて伝わればいいなと思っています。

エッジ・エフェクト、端っこのチカラ

言語として似ている音やシンボルが伝わっている環太平洋火山帯は、「リング・オブ・ファイヤー」と呼ばれ、日本に限らず、今、全体で活発な動きを見せています。

私は「パーマカルチャー」というものの考え方がとても好きなのですが、これはニュージーランドやオーストラリアで考えられた農や暮らしの在り方です。これから必要になってくるものだとも思いますので、合わせて少しご紹介したいと思います。

「パーマカルチャー」は〝永続可能な農業〟という意味で、「パーマネント・永続可能な」な「アグリカルチャー・農の」「カルチャー・文化」という言葉が組み合わされた造語です。永続

可能にしていくためには、人が年を取っても、車イスに乗ることになっても、いかに楽に続けられるかを考慮する必要もあります。そのために、家や畑を土に還る材料や廃材などで創造するなどの工夫をしていくものです。

端っこには「生命が発生するエネルギー値がある」

パーマカルチャーでは「エッジ・エフェクト」、端っこで環境が入り混じり、変化や多様性が生まれる働きである「エッジ効果」を使って畑をデザインしたりします。たとえば土地の傾斜を利用したり、小山のようなロックガーデンを作り、水は一ヶ所だけ、てっぺ

んから供給すればいいように仕組みを考えるのです。

いちばん上には、あまりお水のいらないハーブなどを植えて、下のほうには自然と水がたまっていく働きを使って、葉物などを植える、というふうにデザインするとします。これが楽に長く続けられるための工夫でもあるわけで、この「エッジ＝端っこ」には、水や栄養などの多様なエネルギーがたまるということを利用するのです。

アスファルトの道で例えると、もちろん真ん中に雑草が生えたりはしませんね。雑草は端っこ、もしくは割れ目に生えます。水や土、動物の糞や虫の死骸などが溜まるところで、動物の糞には種が含まれていたりして、端っこには「生命が発生するだけのエネルギー値がある」という原則を使う手法のひとつです。

八百万を溶け合わせるエネルギー

私たちが住んでいる日本はまさに、大陸から見れば塀のような細いところに火山や

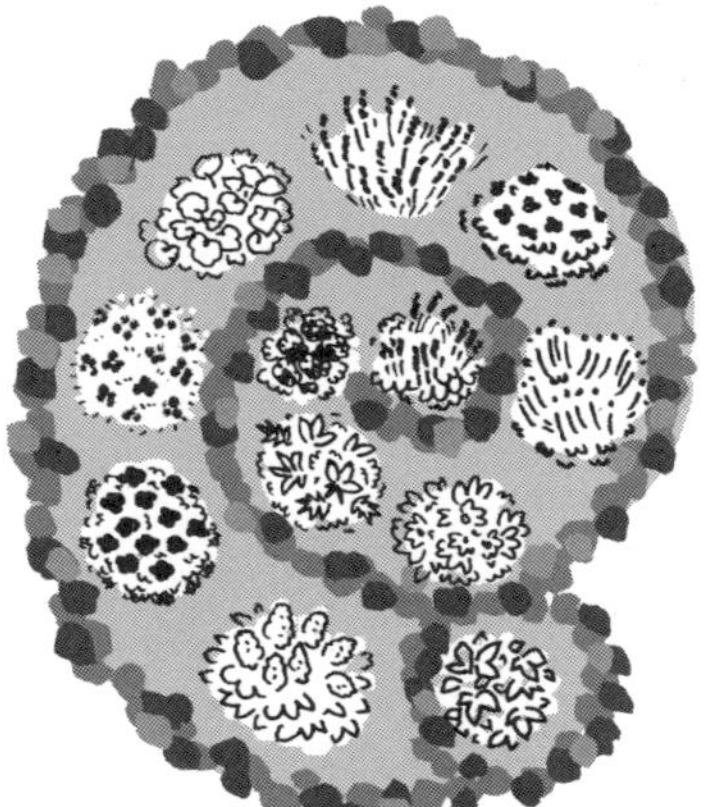

活断層が集まっている、端っこの島国です。そして、「ここだからこそ、湧いているエネルギーがある」と言われています。八百万のものをまとめて溶け合わせるだけのエネルギー値があるから「ヤ・マ・ト」と呼ばれていたのではないかと思います。

それだけの磁場があり、いろいろなものが流れついて、溶け合い和される島国といえば、もちろん言葉もそうです。漢字とひらがなとカタカナに加えて、アルファベットまで使いこなしてしまうのは、この端っこ・エッジにある土壌ならではかもしれません。

縄文時代の遺跡や、いにしえからお祀りされてきたものも、土地の先端にあたるところや、逆になかなかたどり着けないような山深いところに多く遺されていたりします。たくさん訪れてみるとそのような場所には、不思議なコミュニティが立ち上がっていくような、独特の磁場のようなものがあるように感じます。

循環型のデザインモデルかも?

そういった土地に住んでいる方たちはまた、自給自足やオフグリッドな生活を送っている方が多いように思います。ガスや水道などのライフラインに頼らずに、薪だけで生活している友人たちもいますし、「食の自給」「エネルギーの自給」のほか、森の幼稚園やホームスクーリングなど、「教育の自給」も試していたりします。彼らは保存食や自然なお手当て法などにも詳しくて、ある程度の「医療の自給」すら成り立つような、まさに循環型のコミュニティが、今またあちこちに育まれてきているように思います。

縄文時代以前には、遺跡にも戦ったような形跡などがあまり見られないそうで、おそらく1万年ぐらいは比較的平和な時代が続いたのではといわれます。対してこの100年ほどは争いごとも多く、地球環境も激変しています。ただもちろん、ここで「古代に戻りましょう」と言いたいわけでもありません。何かそこから学びとれる在り方を今後、新たな形でとり入れられるように、というのが私自身もカタカムナに共鳴する理由かなと感じていますので、同じようにご興味のある方々に届くと良いなと願っています。

08

基本のウタをもう少し

カタカムナ音読法のこと

ヒフミヨイ
マワリテメクル　ムナヤコト
アウノスヘシレ　カタチサキ
ソラニモロケセ　ユヱヌオヲ
ハエツヰネホン　カタカムナ

ここで、我が家では子育てを通じて楽しんだ、実用的な「カタカムナ音読法」についてもお伝えしておきたいと思います。「カタカムナ音読法」とは、松永暢史先生という方が長年伝えておられるもので、『未来の学力は親子の古典音読で決まる！』（ワニ・プラス）というご著書にもそのことが詳しく書かれています。

松永先生は教育と受験の分野のプロフェッショナルで、ほかにも多くの子育てのご本を書かれています。たとえばゲームに夢中な男の子は、焚火で遊ぶことがとてもおすすめなのだそうです。火を司ること、火遊びほど男の子にとって面白いものはないようで、そうすると自然と心と身体のバランスがとれていくようです。たしかにバーベキューはなぜか男の人の担当だったりしますから、火を扱うことで何かが呼び覚まされたりするのかもしれませんね。

音読を始めたきっかけ

先生は、勉強が嫌いになってしまったお子さんたちへの進路アドバイスも長年されています。部屋をいっしょに片づけることから始めることもあり、あるとき数学や理科が嫌いになっていたお子さんに「じゃあ、とにかく国語の教科書を読もうよ」と提案されたそうです。

国語の本を音読すると最初はスラスラとは読めなかったりして、「一音一音、ゆっくり区切って読めばいいよ」と伝えたそうです。すると、国語の教科書を読んでいるだけなのに、社会や理科の成績まで上がってくるらしく、これは先生によれば「社会や理科も、全部日本語で問題が書いてあるからだろう」とおっしゃっています。

たとえば数学は計算問題であっても「これは何を理解させようとして、この問題を出しているか」「この公式を使えってことだよね」というふうに、日本語の理解度が上がることによってなのか、「出題者の意図を読む」ということが次第にできるようになっていくそうです。また、『徒然草』や『枕草子』は古文の教科書に少しは出てきますから、古典を音読すると、不思議と現代国語の成績も上がってくるということが分かったそうです。江戸時代に寺子屋が広まった当時、内容も音の調子も良い名文というものはそれほど数がなく、おそらくそれ以降に文章を書いている人は、たとえば『徒然草』を学び、その共通理解をもって文章が書かれているためだろう、とおっしゃっていました。「古文を音読したら現国の成績も上がるのならば、じゃあもっと古いものなら、それ以降のものもすべて分かるようになるのでは？」と遡っていかれたところ、行き着いたのが「カタカムナ」だったのだそうです。

一音ずつが収まっていて四十八音しかないから、まさにこれ以上は不可能であるコンパクトさで、しかもこんなに音も内容も良いものはないからと、「まず一音一音、区切って歌うんだよ」と親子さんたち向けに今も音読を教えてくださっています。

歌って踊って楽しく覚える

そのお話を聞いて、我が家の子どもたちも勉強が楽になったら良いなと思って、カタカムナの「ウタヒ」を丈夫なビニールにマジックで書き、読み仮名を振ってお風呂に貼っていました。お風呂場に九九算表や世界地図を貼ったりする方もいるかと思いますが、そうして子どもたちは、何でもすぐに覚えますね。

カタカムナは、よく祝詞（のりと）として厳かにあげられたりもするようですが、特に読み方は教えないままに、しばらくしてから子どもたちに「お風呂に貼ってあるの、覚えた？」と言って歌わせてみました。そうしたらなんと、うちの子どもたちは手拍子しながら「ひっふみよい、まわりてめぐる、むなやこと、ア、ソーレ」と、盆踊りのように歌い回り始めたのです。

昔はきっと、そうしていた？

なぜ歌ってしまうのかと思ったら、五七五だから調子が良いので、ついついそうなるようなのです。たしかに歌って踊れば楽しく覚えられますし、子どもたちはやっぱり輪になって、ぐるぐる回って手拍子で踊ります。その時思ったことは、教えてもいないのにそうなるのは、昔もきっとそうだったからではないかということです。

松永先生もおっしゃっていたのですが、親が音読したものを子どもに聞かせることも良いけれど、ちょっと年齢が上の子たちが読んでいるのが、いちばん「音が入る」のだそうです。たしかにお兄ちゃん、お姉ちゃんたちがしていることは、小さい子たちはやりたがるものですから、ご近所などで可能であればぜひおすすめしています。

お風呂で読むことがおすすめな理由

私はカタカムナが好きなので文字を全部書き写しましたが、「お風呂に貼るものが欲しい」というご要望をいただいて、クリアファイルや下じきを作成しました。どちらも濡れても大丈夫な素材なので、お風呂の壁に貼ることもできます。小さいお子さんでも読めるように少しだけ説明も書いていますので、いっしょに唱えたり、お風呂で歌ったりしてもらえると嬉しいなと思います。

じつは、お風呂で百を数えるかわりに楽しく唱えてもらえたら、おそらく、浸かっているそのお湯は、歌い上げられた「音の影響」を受けないはずはないのです。私は、「ウタヒをあげたお湯が各家庭から排水される」ということをひそかに願っていますので、こっそりご協力くださる方はぜひお願いいたします。

クリアファイルや下じきは、こういうものを本棚やクローゼットに入れておいて、何十年か先に皆さんのお子さんやお孫さんが片づけをするとします。そのとき、「おばあちゃんの棚からこんなのが出てきたよ！」という感じで、そこから実用化されていくかもしれないくらいのタイムスパンで考えていますので、よかったらお楽しみくださると嬉しいです。

基本となる「ホグシウタ」

はじめにご紹介した、すべてのウタヒの基本となる「ホグシウタ」第五首、第六首のウタヒの内容を、ここでもう少し詳しく、私なりのお話もまじえてお伝えしていきます。

まず最初は、「カタカムナウタヒ」を解読された、楢崎先生の解説です。

アマの本来性は、ヒフミヨイ（正）、ムナヤコト（反）の
旋転（マワリテ・球性）循環（メグル・渦流性）にあり
それは、極限（ヤ）までくり返し（コト・周期性）続くものである。
そして重合互換（アウノスベシレ・統合）、
分化（カタチサキ・微分）、還元（ソラニモロケセ・崩壊）も
そのアマの本来性に基づく自然則であって、理屈ではない（ユヱヌオヲ）。
それが万物万象にうけつがれて、すべてのものが発生（ハエツ）するが
その根源（ヰネホン）は、片々の潜象（カタカムナ【アマ】）にある。

「相似象学会誌」より

最初の「アマの本来性は」というのは「アまねくマ」「アらゆるマ」ですね。

天然自然の本来の在り方は、ヒフミヨイ(正)、ムナヤコト(反)、つまり見えない世界と見える世界の両方が、球(タマ)として回っています。そうして、それが渦として循環して巡ってもいます、ということが書かれています。

それは極限の「ヤ」までくり返して、それが九つ、十、となる「コト」が、周期性をもって続くものである、とあります。

逆上がりにたとえると

私はこのことを身近な例として、逆上がりでお話しします。丸に十字の、横のラインが鉄棒だとしますね。子どものころに逆上がりの練習をしていたときを思い出してみてください。

お友だちがクルクル逆上がりしているのを見て、「自分もできるようになりたいな〜」と思う瞬間が、たとえて言えば「ヒ」のはじまりのところ。その気持ちが「フ」ふくらんでいき、近くで観察してみたりして、鉄棒にいよいよ手をかけるのが、現象に出る、じっさいに行動に出る「イ」のところだとします。まだ逆上がりができないときは、ぐるーんと身体を振り上げても、お尻が上がらなくて足が落ちてしまいますね。ここは、「ム」。ムッとしながら「ナ」何度も何度も、くり返すところです。「何度もくり返すことにより、その核ができて定着する」というのが、「ナ」の段階です。

当たり前になじんだら、次に挑戦していく

そうして何回も挑戦していると、ある瞬間、すべてが整い、飽和して、ヤっとこさでクルリと回れるわけです。これが「ここのつ」で、「形になって転がった」ところですね。こうして、めでたく逆上がりができるようになりました。

9つまで来て形になり、そのあと10である、「ト」になります。「十」というプロセスは「溶

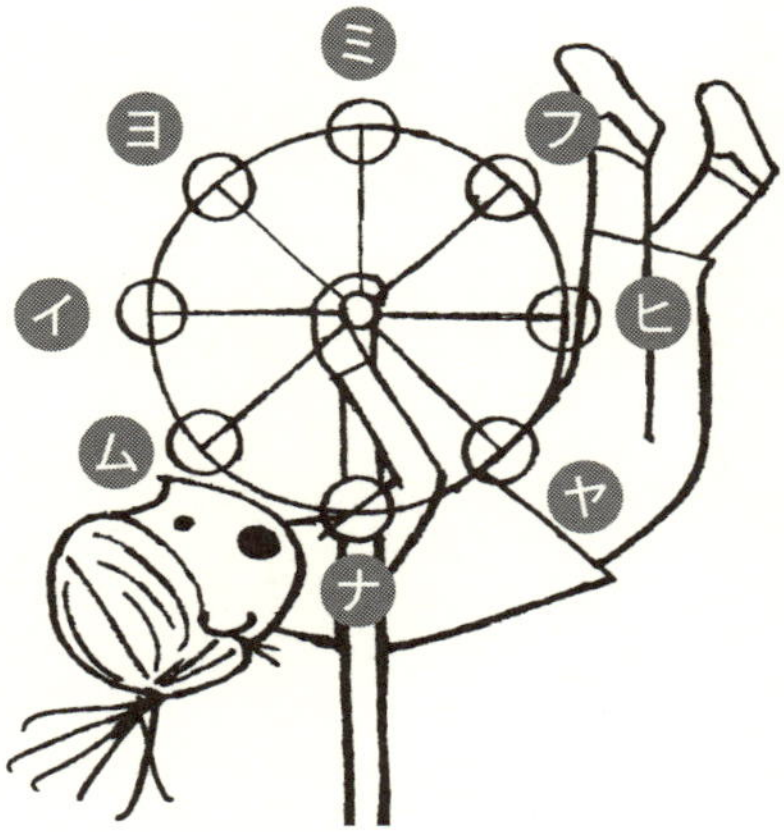

け合わされる」「また全体に還る」いうことです。これを逆上がりでいえば、「逆上がりなんかできて当たり前だから、つまらなくなる」状態のことだと思うのです。とくに意識すらしなくなり、自然になじむ状態で、これが「ト」の段階です。

そうなったとき私たちは、次は何がしたくなるかというと、子どもたちを見ていると分かるように、「次に難易度が高いこと」に挑戦したくなるのです。子どもたちの自然な興味として今度は「連続で回れるかな？」「片手でできるかな？」となっていくものではないでしょうか。

イノチの成長はらせん状

自転車に乗ることも同じですね。あれだけ転んだりして進まなかったのに、ある瞬間、スーッと乗れるようになります。そうしたら自転車に乗るなんて特別なことではなく、当たり前のことになり、次の段階は「片手を離せるかな？」などの挑戦をはじめるでしょう。

同じようにゲームでも、ステージを上げていきたくなるもので、反対に「レベルを下げたい」「もっと簡単なのにしたい」という欲求は起こりにくいものですね。次の難しいことに挑戦したいという気持ちがあって、命＝イノチは成長していきます。

イノチの方向性というのはそのようにして生成発展し、当たり前になると前段階から、立体のらせん状に次のレイヤーに移行するのでしょう。その「コト」が、くり返し起こっている、といっているのだと思います。

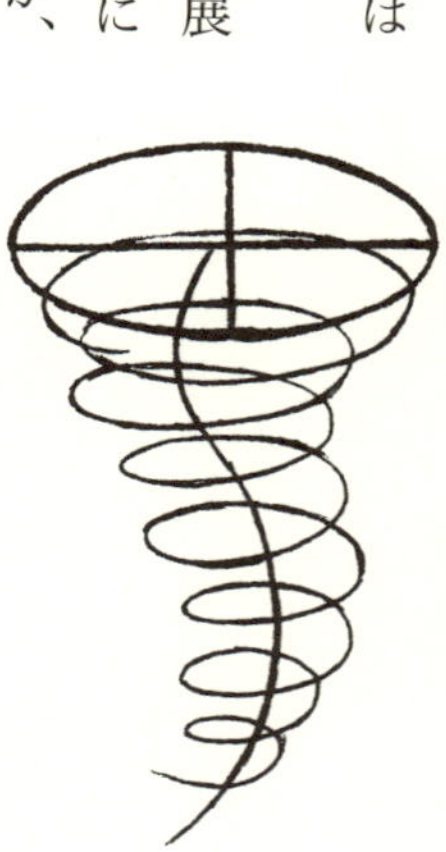

食の栄養、性の栄養

そして「重合互換」「あうすべ」を知るように、とあります。すべ、とは方法のことで、互いを支え、補い合う手段や方法がありますよ、ということですね。これは陰陽の考え方や、プラス・マイナスの電気のことをいっていますし、読み解きようによってはサヌキアワで表現される、男性性・女性性のことにもなります。

カタカムナではとても自然に、「食の栄養」と「性の栄養」という二つのことが同列に、フラットに述べられています。「性の栄養」という表現は私も聞き慣れませんでしたが、たしかに食と性はどちらも「命に関わること」です。生まれる、育まれることと、食べること。「イノチをつなぐ」ことに、食も性も同じように関わっている、とカタカムナは伝えています。その二極の違いが「あうすべ」を知り統合されると、それがまた形が裂かれ、分化微分し、崩壊還元されるといいます。つまり「ソラニモロケ」されて、また次のレイヤーへと還元されていく、と表現されているのです。

冬のあとには春がきて、昼のあとには夜がくる

このようなしくみは「アマ、天然の本来性に基づく自然則であって、理屈ではない」。「ユヱヌ（故ぬ）」というのは「ゆえあって」などと現代語でも理由と捉えるように、それが「ヌ」、無い、ということは「理屈ではない」ということになります。

たとえばお日さまが昇り、沈み、また次の日も昇ってきますが、たしかにこれも理屈ではありません。冬のあとには春がきて、昼のあとには夜がきます。理屈ではなく、ただそうなっているのが自然の姿です。この性質が万物万象に受けつがれ、すべてのものが発生「ハエツ」というのがハエる、発生する、と書かれています。

井戸も女性も、生命線

その根源「ヰネホン」。「ヰ（ゐ）」というのは、井戸の「ヰ」で、また鳥居の「ヰ」も表すそうです。

鳥居は、そこから奥が大切なところで、人がみだりに荒さない場所ですね。天然自然のままのエネルギーを保っている禁足地や、鎮守の森などがその奥に存在します。今でも、さすがに鳥居の内側に電車を通したり、トンネルを掘ったりがはばかられるおかげで、自然も多く守られています。まさにカタカムナでいうところの「イヤシロチ」です。

女性の「子宮」の文字は「お宮」であり、産道が「参道」で、命が出入りするという

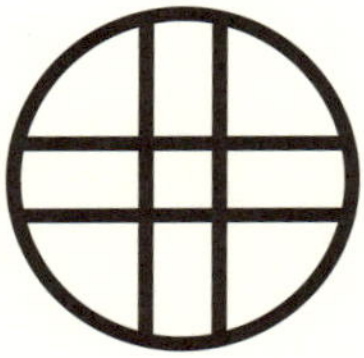

ヰ・ゐ・Wi

ミナモト　存在　実在する
泉や　井戸のような　生命の　根源
重なる　鳥居の　かたち　サトリ
居　胃　遺　畏　委　敬　位
クラヰ　ヰロリ　カコヰ

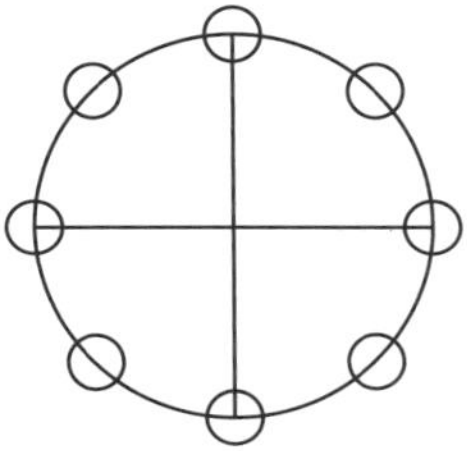

ヤタノカカミ

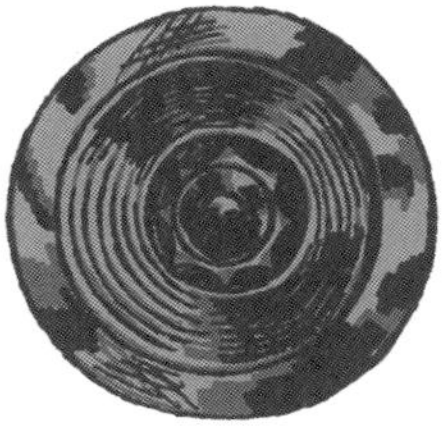

八咫鏡

意味では、女性の存在も同じであるとも捉えられます。イノチが育まれ、元気で過ごすには、神社も女性の身体もできるだけ自然のまま大切に、ということでしょう。

井戸の「ヰ」が「命の根源」というのは、たとえば井戸がもたらしてくれる水が枯れれば、まさにその土地の人たちの命にかかわるのですから、水は女性性や母性を表わすアワとして象徴されるのだなと感じます。

そうして最後に、すべての本質は「片々の潜象（カタカムナ【アマ】）にある」ということが、この基本のウタに書かれているのです。

三つのシンボル「ヤタノカカミ」

次は、カタカムナに関わる三つのシンボルについてお伝えします。ひとつは「ヤタノカカミ」で「八咫鏡」、そのままです。

八十首のウタの渦の真ん中には「中心図象符」というシンボ

ルが、三種類だけあります。それがいわゆる「三種の神器」のもとになっているのでは、ともいわれています。

「ミクマリ」

「ミクマリ」というのは「あらゆる要素が『ワ』せられたもの」となっています。これはこのまま「ワ」という文字で、勾玉を表しているそうです。

大陸では太極図や陰陽和合図というものがありますが、白黒に分けられているものは「分離した状態」を分かりやすく描かれた形なのかもしれません。勾玉は装飾品として身につけるものと知られていますが、陰陽でいうと陽のほうだけを形にしてあるように見えます。

カタカムナ的にみれば、形のある世界は全体の半分であって、本当は「目には見えない」もう一方の片割れがあるはずというこ

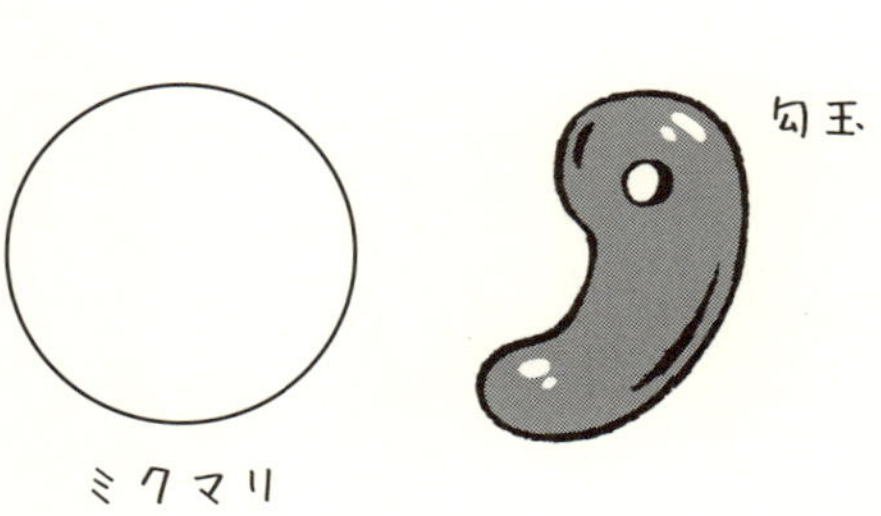

とにもなります。ただ今の私たちには悲しいかな、その半分、陰のほうは見えていない、ということかもしれません。だから「自分たちが見ているのは、あくまでこの世界の半分である」ということを忘れないために、勾玉を身につけていたのではというお話も聞きました。

「目に見える現象」と「目に見えない潜象」とが両方ともで溶け合わされた状態がこの「ワ」という字であり、ミクマリは、わっかそのままの形です。

「フトマニ」

もうひとつは「ツルギ」ですが、カタカムナではこのシンボルは「フトマニ」と呼ばれています。

今でも神社などでもその言葉は残っていますが、この言葉は「フ」たつが、「ト」溶け合い統合された「マ」が「ニ」定着していると読めます。（※一音ずつの詳しい内容は、241ページ以降をご覧ください）

「正反親和、対向発生のツルギの断面」とあって「ツルギ」と「カタナ」では意味が違います。刀は片刃なので邪気を祓ったり、人を傷つけたりもしますが、剣はご神事に用いるもので、本来「諸刃の剣」というように「あなたを傷つけることは、私を傷つけることにもなりますから、争いません」という親睦のシンボルでもあるそうです。

フトマニ「対向発生」で互いに元気になる

「対向発生」というのはカタカムナでよくいわれることで、これは「エネルギーの差のあるものが、互いに向き合い関わることが、お互いにとって良い」というような感じです。

男性と女性ももちろんですし、お年寄りと子どももそうなのです。よく自治体でお年寄りのための施設と保育園の交流などがあるように、お年寄りの落ち着いたエネルギーと、子どもたちの活発なエネルギーとは親和して、お互いを元気にする、というようなことです。

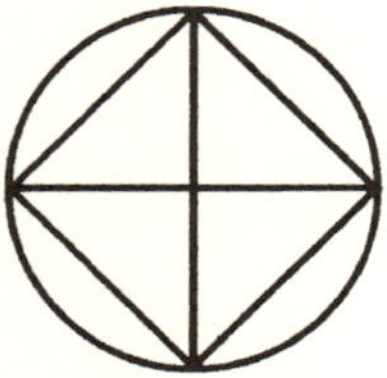
フトマニ
（ツルギの断面図）

ツルギ

生命の循環がスムーズに成り立つとは

そう考えると、たとえば一般的な子育て世代の親というのはとても中途半端な電気の状態なのだな、と気づきました。さほど落ち着いてもいなければ、ティーンほど元気でもない年齢だからです。

ということは、ヤタノカカミでいえば八つの色が揃うように、いろいろな年代や性質、立場の人が関わってくれたほうが、おそらくイノチはまあるく健やかに保たれやすく、もちろん子育てや介護もしやすいのだなと思います。たしかにお母さん一人で子育てせざるを得ない「ワンオペ育児」や、お一人での介護は大変なものです。

時代は核家族に向かいましたが、大家族や血縁でなくても、シェアハウスやコミュニティ的なつながりが今はあちこちで生まれてきているように感じます。その多様性があれば「対向発生」が起こり、イノチの循環がスムーズに成り立ちやすい、ということでもあると思います。

09

サヌキアワの活かし方

サヌキ・アワ

〈アワ〉の性とは〈イノチ〉のチカラである。
個人の生命を、民族の生命を、人類の社会を
健やかに全うさせるものは
〈アワ〉のチカラである。
人間の「生命力」と漠然と呼ばれていたものの正体は
「アワ」のチカラであると、
カタカムナ人は感受していた。

「相似象学会誌」より

【サヌキ・男性性】

- 一方的
- 目的的
- 独善的
- 攻撃的
- 動物性
- 主観的
- 現象系
- 外向的
- 自己中心的

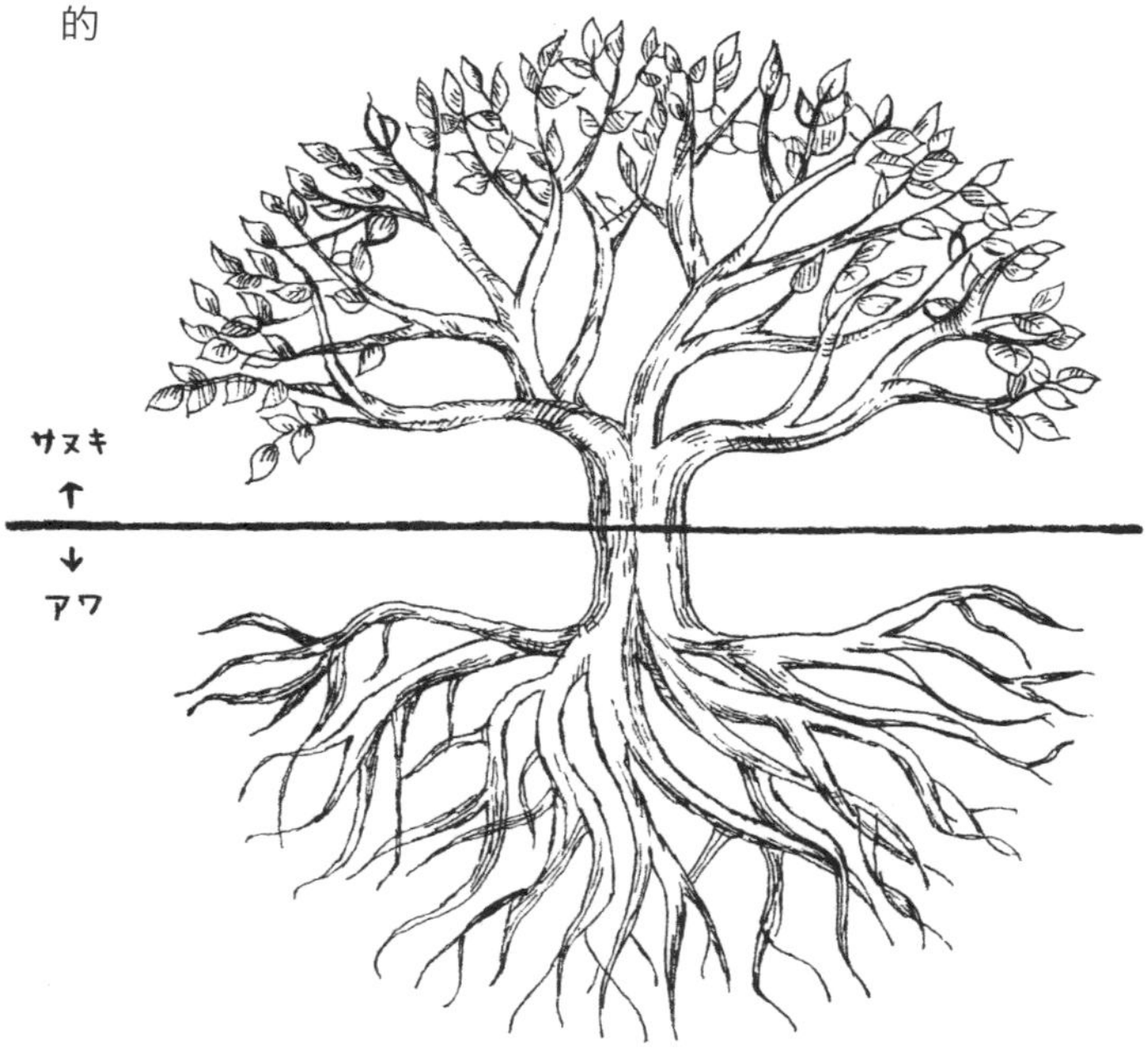

【アワ・女性性】

- 受容的
- 依存的
- 柔軟性
- 親和性
- 植物性
- 客観的
- 潜象的
- 内観的
- 環境適応性

女の人は樹の根っこ

「サヌキアワ」に関することが、私にとってカタカムナの実用でいえば、なによりもありがたかった部分です。これほど根源的なことをたまたま結婚前に知ることができ、暮らしながら確認していけたことは、とても幸せなことでした。私はそうとうに難しいサヌキなタイプでしたから、「私に有効だったことなら、どんな女性にも役立てるはず！」ということには確信がありますので、いつもお話させていただいています。

パートナーシップのお話をするときに、いつも画を描いてお伝えしていたのが、前ページの一本の木の絵です。

まず、横の線が土のラインだとして、このラインから下の根っこ側がアワ、女性性と捉えます。そして土から上の部分、幹や枝葉や実、これが男性性、サヌキだと考えてみましょう。この根っこの部分、まさに音でいえば「ね〜」という暗黙のコミュニケーションは男の子同士ではあまり見られませんし、やっぱり女性的なやりとりです。

自分で水と栄養を供給できるかどうか

じつは私は、「アワ・女性性は根っこである」ことを最初に知ったときには、「日の目を見ない、表に出てはいけない感じ」がして、少し納得がいかない気がしていたのを覚えています。ただ、カタカムナは縄文時代以前のものと考えると、その昔いちばん大事なことはといえば「生き延びること」なのです。

根っこは「生命力」そのものです。なぜなのか、その在り方は、樹の切り株のように、上下で切り離してみるとよく分かります。切り離したとしたら、土から上の幹や枝葉の部分だけでは数日すると枯れてしまいます。しかし根っこの部分はというと、嵐が来ようが雪が積もろうが生き延びて、次の春にはまた枝を伸ばすでしょう。

上下の違いは、根っこのほうは「自分で水と栄養を供給できる」ということです。生命力の違いはそこであり、女性性は自らエネルギーをとり入れることができるのです。もしかしたらこの大切なことを、私たちは長い間、忘れていたのかもしれません。

おばあちゃんが先立たれたら？

そもそも平均寿命からして、女性のほうが男性より6年ほど長いものです。おばあちゃんが先立たれるケースもありますが、その場合、おじいちゃんがお力落としされるということはよくお聞きするように思います。

ただ例外としては、たとえばお孫さんと同居されていたり、ワンちゃんネコちゃんを飼っているおじいちゃん、畑や庭を楽しんでいたり、つまりほかの生命とのエネルギー交換が成り立っている場合は、比較的長生きされるのではないかと感じます。アワが豊かで、男性でありながら「育む」性質である女性性を活かしているおじいちゃんの場合ですね。

反対に、それまで社長さんや役員さんをしていて、仕事一筋、サヌキ一本槍だったようなおじいちゃんは、お仕事を引退されて関わる方が減ったり、おばあちゃんが亡くなった途端に、「靴下がどこにあるかも分からなくなって…」となる様子などは、イメージしやすいのではと思います。

おじいちゃんが先立たれたら？

ただ多くの場合、平均年齢からいえばおじいちゃんが先立たれます。そしてその後、おばあちゃんはどうされているでしょう？　しばらくしょんぼりしていたとしても、だいたいにおいて「温泉でも行こうかね」と落ち着かれるのではないでしょうか。

寂しかったとしても、女の人の命じたいは、生命力が強いので生きてはいけるのです。若い頃の家事や子育ての負担が減り、樹々でいえば水と栄養も、ほかに分け与えなくてすむようになるため、更年期以降などはむしろ元気になられるかもしれません。

ちなみに私の母も例にもれず、父が亡くなって20年ほど経ちますが、孫たちと関わり元気に過ごしてくれています。

「水を1滴ももらえないような状態」がある！

サヌキアワの木のことを、カウンセリングを行うときにいつもお話していた理由は、女性たちのお悩みはパートナーを探している方や、彼氏さんやダンナさまとのことが多かっためでした。この木の絵であれば、水と栄養の需要と供給がどんなに大切な「命綱」なのか、ということが伝わりやすいからです。

たとえば夫婦仲などでも、コミュニケーションがうまくいかない場合、それはサヌキ側にとっては一日に水を一滴ももらえないような状態なのかもしれません、とお伝えしています。樹木に例えれば分かるように、幹や枝葉にとっては「生きるか死ぬかの問題」です。ただアワの側である「根っこ」の女性性側は、そのことに自覚がないことが多いのです。根っこからすれば、じつは死ぬほどのことではなく大丈夫だからであり、自分自身は何とか生きていけるからこそ、理解できないのかもしれません。

「生きるか死ぬか」の電気的な違い

極端な例ではありますが、たとえば社会的にも影響のある犯罪のような現象にも、サヌキアワの成り立ちのことを考えさせられるケースがあります。

女性の場合は、満員電車でイヤな行為をされたという経験はあっても、女性側が「する側」になる例はほぼ聞きません。また、もしも孤独だったり、混乱した状況があったからといって、女性が小さな男の子に乱暴したりも、あまり起こらないものです。

多くは男性の引き起こす、これらのことを肯定するつもりはもちろん毛頭ありません。ただ女性と男性とでは、カタカムナ的にはそこに「生きるか死ぬか」ほどの電気的な違いがあるということを、悲しいニュースを観るたびに思うのです。

暮らしに「うるおい」があるかどうか

ご存知のように、人は食べなくても数日は生きてはいけますが、水が一日に一滴もなければ、いずれは息絶えてしまいます。

世の中を現象的に形作っていく「サヌキのナリ」、性質を多く持つ男性は、世界的に女性よりも少し人数が多く生まれるそうです。ただ、危険な争いごとや無謀な冒険もいとわない性質から、年齢が進むにつれ男性の数は少し減り、しだいに女性と同じくらいになってくるそうです。その男性性、サヌキの日々の暮らしに「うるおい」があるかどうかは、全体に大きな違いを生んでいくのではないかと思います。

アワの性質が多い、つまり女性であればほとんどの場合、エネルギーが枯れて裏目に出るときにも多くの攻撃はパーソナルなもので、さらには自己の内側に向く傾向があります。必要以上に自分を責めたり、自身の能力や努力不足だと思う方向へなりがちかと思うのです。対してサヌキの質はやはり「社会的なもの」が強く、攻撃という意味の「責め」はむしろ、自分よりも外側に向いてしまいがちなのではないでしょうか。

お願いしていること

先の「文明周期説」でいえば、今まで長い間、女性性であるアワは傷ついたり、損な役回りを引き受けざるを得なかったことも続いていたと思われますし、いまだ発展途上国など、多くの国でもそのような現状はあります。

ただ「加害者と被害者」の物語があったとしたら、「被害者」のほうからしか、歩み寄りはあり得ないと思うのです。たとえば交通事故でいえば、加害者のほうから「あれは過去のことだから」といったとしても、示談は成り立たないでしょう。でももし時間をかけて、被害者のほうから「水に流しましょう」という申し出が可能になるなら、そこで初めて事が収まるのではと思うのです。それこそ「いだきまいらす」アワの器が試される時かもしれません。

「女性ひとりにつき男性ひとり」で平和になる

今の世の中でお願いしたいのは、大きなお世話かもしれないのですが、「女性ひとりにつき男性ひとり」をチカラづけたり励ましたりして、「電気を満たす」担当をする心づもりでいてもらえたら、ということです。人口比率でいえば、それだけで社会的には少なくとも攻撃的な要素が減り、穏やかになれる可能性が大いにあるからです。

どうしてもそれは難しい、そうはしたくない場合もあるでしょうけれども、そんな状況があるからこそ、慕われている学校の先生やバーの人気ママさん、おかみさんたちは、きっとお一人につき何名もの男性方を元気づけてくださっているのではないかと思います。

今後、もしかしたら社会現象として、いろいろな事象が起きてくるかもしれないこの時代に、そんなこともこっそりとお願いして回っています。

もちろん前提として、アワ＝女性性自体に元気でいてもらう必要があります。サヌキがちな現代社会では難しいのは承知ですが、女性の方たちには、まずはとにかくできるだけ休養をとってぐっすり眠る、エネルギーを補給することや、自然や可愛い生き物に触れて「アースできる」状況をつくるのも欠かせないことだと思います。

世代間に残る「呪縛をほどく」ために

それからアワが元気を取り戻す方法として、心理学的なものの見方も、またとても有効だと思うのでお話会などで取り組んでいます。

たとえば歴史的な生活の厳しさによって戦力や力仕事が欠かせなかったり、争いごとが多かったために、「土地や家督を継ぐ男子」が女の子よりも望まれることが多かった事実も機会があればお話しししています。

女性にとって、「男の子が生まれたらよかったのに」という自身や周りの思いは、女性性を深く傷つけてしまう要因のひとつだと知られていて、今でもたくさんの女性たちが思い当たるとおっしゃいます。また、これも覚えがあるかもしれないのですが、「手に職をつけなさい」というお母さんからの言葉も、娘の幸せを願う気持ちなのでしょうが、これも場合によっては「男をあてにしないように」「いつでも別れられるように」という、上の世代からの「後悔のこもった教訓」となってしまっていることもあります。

女性だからこそ手放せるもの

「井戸端会議」という言葉があるように、昔から女性たちは男性たちに比べて柔軟で、内面をうちあけて共有することで、ある程度はスッキリして手放せる、という処世術に長けているのだと思います。

一方、男性の側はといえば「弱みをみせる」ということは、小さなころから禁じられていることであったりもします。また女性と違い男性にとっては、心の内を話せるような場所はなかなか限られているものです。バブルの頃と今の時代では、さらに一杯ひっかける時間や余裕はない、という現状もお聞きしますので、男女関係であれば、やはり女性の側から少しでもしなやかに軽やかになれれば良いなと思うのです。

「女は女ばかりでなく、男をも産むことができる」

カタカムナでは、「女は女ばかりでなく、男をも産むことができる」ということがサラリと述べてあります。あまりにも当たり前で、あえて意識もしないことかもしれませんが、私はあらためてびっくりしたのを覚えています。女の人が男の子をも授かり産み出せるのは「どちらの性質をも包み込むことができるから」ということなのです。

誰もが忙しい現代の生活ですから、朝早くから満員電車で通勤し、夜遅く帰るパパさんが、ワンオペ育児に疲れ果てたママさんから目も合わせてもらえないということはよくある状況のように思います。私自身ももちろん子育て中は目一杯でしたから、このサヌキアワのことをやっぱり知識としてだけでも教わっていてよかったと、つくづく思うのです。

サヌキの力は大きいから

東日本大震災のときには、たくさんのボランティア団体が活躍されました。泥に埋まったおうちにスコップを担いで行き、泥を掻き出し、高圧洗浄をかけて軽トラックで去っていく、という活動を見て、当時小さい子どもを抱えていた私は、これぞ「サヌキの力」の象徴で、さすが頼りになるなぁと感じました。

有事のとき、たとえば災害や戦争のときには、サヌキは「本能的に」するべきことが分かるのでしょうし、その方向性が誰の目にもはっきりとしています。災害支援に向かうときの第一陣は、妊娠の可能性のある女性や小さな子どもには身の危険が伴いますので、まずは男性のみで行くほうが良いということは、私たちは直観的にわきまえているものでしょう。

ただ平和な世の中で、力仕事も少なく、デスクワークが多い現代では、男女差はほぼありません。またこれは幸いなことでもありますが、同等であるとの教育も受けています。平穏な時にはともかく、災害でなくてもイザという時には、アワとの豊かな循環、連携がなければ、サヌキはその大きな力を、どちらの方向に向ければよいかを見失うのかもしれないのです。

互いの質の違いを知ること

我が家は三姉妹なので、男の子ばかりのお宅に伺うと、まずオモチャがずいぶん違うなあと感じます。男の子のオモチャは総じて「黒くて硬くて速くて強い」ものが多く、そういうものが好きなんだなぁと思います。「何とかの剣」「何とかのベルト」から始まってゲーム機、パソコン、バイク、車、電車、戦闘機、ミサイルに至るまで、まさに「黒くて硬くて速くて強い」、女子だけの我が家には見かけないものばかりです。

対して女の子の部屋は、ビーズやシールやおままごと、ちまちまと、パステルカラーなものがいっぱいです。それからぬいぐるみのようにフワフワと手触りのやわらかいものや、カラフルでキラキラ光るものが、基本的に「女子っぽいもの」とされています。大人のレディースランチも、たくさんの種類が少しずつ入っていたりして、男性に人気なのはカツカレーや牛丼など、ガッツリ単品というのも、いかにも対照的だと思います。

いちばん身近にいるアワが、命の方向性を示す

またサヌキの性質は、鉄をはじめとする「金属」に象徴されるように感じます。だからこそイノチの方向性が違えば「違う種類の金属を持つ」のかと思いました。震災の時に人を助けたスコップの代わりに、武器という金属を持つ可能性もあるのかもしれません。

いつもお話するのですが、ニュースで観る、トラックで突っ込んで行ったり刃物を振り回す男性に、もし彼を大切に思う彼女がいたら、そんなことまでしたでしょうか。あるいはその彼のお母さんが、「あんたはあんたで、良いところあるよ」と言ってくれるような女

性だったとしたらどうだっただろうかと思うのです。

サヌキの現象に出す力は大きいから、世界一高い山に真っ先に挑戦し、日本一長い橋を造り、街一番の大きなビルを建てるだけのポテンシャルがあります。力を示し、その集中力によって最後まで成し遂げるため、全体にとってはその力をどの方向に発揮してもらうかが、実は社会的には大きな違いを生みます。そしてそのイノチの方向性は、いちばん身近にいるアワが示すものなのです。

この世はサヌキの献身でできている

長いトンネルを通るときにいつも、「最初のトンネルは誰が掘ったのかな」とぼんやり思っていて、きっともともと、かなり深い洞窟があったんだろうなあとイメージしていました。そうして思い浮かべたシチュエーションは、大事な息子が初めて山の向こうに仕事に行った、というものです。その日に大嵐が来て、あの子があの峠を生きて帰れるかどうか、お母さんは心配でしかたがない、そんな物語を想像してみてくださいね。あまりに心配なお母さんは、「この穴が向こうまで通じてたらいいのに」と、お父さんにつぶやいたのでしょう。そうしてお父さんは次の日から仕事の合い間にコツコツと掘り続けます。それがある日、やっとのことで貫通して、それからは雨の日も風の日も、息子は無事に行って帰れるようになりました。

あくまで最初はこんなきっかけじゃないかな、と思ってイメージしてみたストーリーです。また、川を渡る橋もそうです。たとえば赤ん坊が生まれたばかりで、母ちゃんが大変だから、一刻も早く帰ってやりたいのに川をずっと遡らないと渡れない。「ここにも橋があればいいのにねぇ」とおばあちゃんがつぶやいて、それを聞いたおじいちゃんが次の日から黙って木を切って、橋をこしらえ始めてくれます。

今あるものは、50年前のばあちゃんたちが

「イメージしたものが現実化される」といいます。心から願ったものが、愛する人の尽力によって現実化されるのだとしても、物質界で現象となるにはある程度の手間ひまや時間がかかり、タイムラグが生じます。だとしたら今の時代、すでに形になってできあがっているものは、50年、100年前のおばあちゃんたちが欲しかったものではないでしょうか。

「スイッチポンでお洗濯ができればいいねぇ」「雨の日は洗濯物が乾かないから、お風呂場で乾かせないかしら」それで、スイッチポンと押して全自動でクルクル回ってくれるような洗濯機や乾燥機、掃除機が今、現実化しています。まさにそれらは、たくさんのお母さんたちが願ったものです。暮らし向きが楽に便利になるものを研究開発を続け、大量に市場に出せるような力が、サヌキ量の多い男性たちにはあります。

サヌキが象徴するのが金属でも、武器ではなくクワを握ってもらったり、トラクターに乗ってもらったりすると、「人の手」だけでは成し得ない、収穫や成果ももたらすことができるのです。

「本質的に欲しいもの」を伝える

我が家が淡路島に引っ越したのは、ただ子どもたちをのびのびさせたい、小さいうちの彼女たちの五感に、島の自然をインプットしておきたい、という私だけの希望でした。反対にダンナさんにとっては、通勤が不便になることでしかありませんでしたが、それでも叶えてくれたことにとても感謝しています。また、私は自分の誕生日のプレゼントに土を買ってもらったことがあります。畑に高い畝を作りたかったのですが、土がまったく足りなかったので、ダンナさんが「プレゼント何がいい?」と聞いてくれたとき、正直に「土」と答えました。「え? 土なの?」と不思議がりながらも、彼はやっぱり買ってくれたのを覚えています。

女性たちが心から、また引っ越しや転職など大きな決断のときには魂の底から、何を喜びとするのかを知ることが大切です。それがなぜなのかは男性たちからすれば、さっぱりわけが分からないのが普通だと思いますし、逆もまたそうでしょう。ただお互いに関係性が良い状態であれば、パートナーはそれを、時間をかけてでもサヌキの真っ直ぐな思いで形にしようとしてくれるものだと思うのです。

女性であれ男性であれ、アワの人たちは、これからの方向性が明確でない世の中では「イノチは、本質的に何を望んでいるか」を感知して、「自分たちはどんな世界が見たいのか」をまず、自分自身がはっきりと知ることが肝心になってくるでしょう。そしてアワにとっては努力が必要かもしれませんが、それを表現し、あきらめずに伝えていく時だと思います。

アワ＝ヒ・ヒト・ヒタリ・タカ・アカ・アキ・カヒ・サカ・カサ・ヒヒキ・カタ
サヌキ＝ヤ・ス・ヌ・ヤタ・ヤス・ヤキ
〈アワ〉という図象符は「現象界における〈カム〉のチカラ」という思念を示しており〈サヌキ〉は「現象界に発生して、ヤ（極限・飽和・安定・崩壊）まで進行するチカラ」を意味している。

「相似象学会誌」より

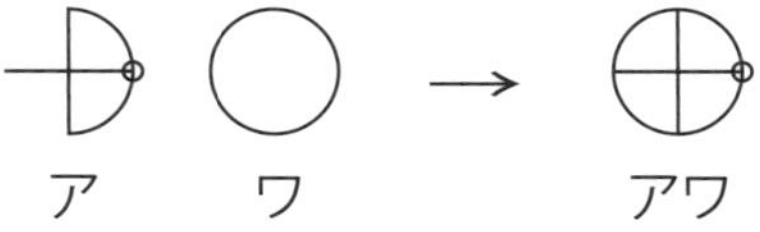

アワ　が最初に感じとったものを

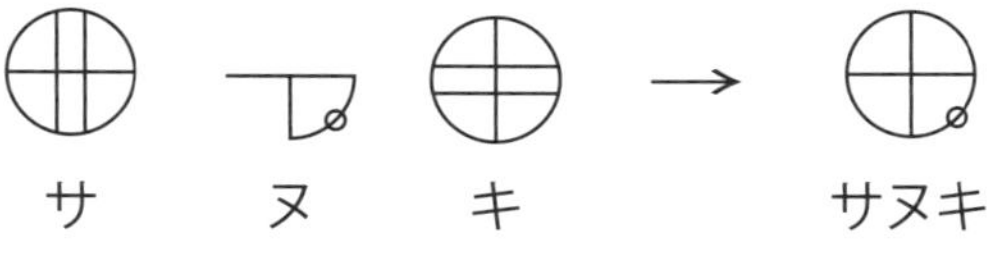

サヌキ　で判断して最後まで行動する

よかれと思った、真っ直ぐな思い

カタカムナでいえばサヌキはそのように、アワが将来に望み、喜ぶものをいつかは届けようとしてくれる真っ直ぐな電気です。

反対に、女性の電気は巻いているために、それが裏目に出ると、揺れたり迷ったりもしがちになります。たとえば先ほどの、トンネルを女性たちが掘るとしたら、「昨日こっちを掘ろうって思ったけど、こっちのほうがよくない？」「ちょっとお茶しない？」などとなりがちで、なかなかはかどらない様子も想像できます。

サヌキのすごいところは、やると決めたら最後まで、まっすぐコツコツとやり続けられることです。現代のように電車がくまなく走り、ダムがたくさんあるのも、それは故郷が栄えれば良いなという願いであったり、それらを造ればボーナスがはずまれて、子どもに新しい自転車を買ってあげることができたためでしょう。

少しでもお母さんが楽になるように白物家電がたくさんでき、掃除機がオートでお掃除をしてくれるようになって、このままじゃ地力や火力だけでは足りないかもしれない、という考えもあったかもしれません。また生まれ育った村が、みんなが立ち行けるにはどうしたら良いだろうという思いの末に発電所なども導入されたのだとしたら、それがために対立が起きることは、お互いに切ないことです。

「喜ぶだろうと、よかれと思ったのに、なんでそんなに怒られなきゃならないんだ」と引っ込みがつかない、今さら変えようにも変えられない状況もあるのかもしれない、と思えてくるのです。

包み込んで、浮かせて、浄化する

そこで次の段階へ、お互いにシフトしていくために「いだきまいらす」と「ことむけやはす」にはどうしたら良いのでしょうか。

「よかれと思って、ここまでしてくれたんだよね」「今までほんとうにありがとう」と、伝える方法があったらどうでしょう。実現してみればたしかに裏目に出たことはあったけれど、そもそもはそういう思いでこしらえてくれたもの、ということをお互いに踏まえていなければ、変えようにも引っ込みがつかず、力と力の原理ではことは収まらないのかもしれません。

「包み込んで、浮かせて、浄化する」というアワの在り方で、できるだけスムーズに転換していくためには「いだきまいらす」「ことむけやはす」しなやかさ、したたかさを少しずつでも活かせればと思うのです。

小さな、コアな循環が成り立つこと

どのお話でも、サヌキアワの木の話のように、あくまでご家庭において、小さなコアな循環が成り立っていくことが始まりになります。今後の世の中はもう、良くも悪くもカリスマ的な外側の存在がトップダウンで何とかしてくれる状況ではなくて、個々の在り方で小さな変化がたくさん創られていくときだと感じています。

あと50年の変換期とお伝えしましたが、これからの50年がどうなるかは、今を生きるアワを持つ女性たちが、それぞれの「身近なサヌキ」である彼氏さんやダンナさん、息子さん、お父さん、おじいちゃん、職場の男性たちに、どう向き合うかで決まります。それがまたある程度の時間をかけて実現されていくことになり、結果はまた数十年後に形になるでしょう。

コミュニケーションでいえば、夫婦間で難しいことを、大きな話になりますが国家間で成り立たせることは至難の業であるはずです。生命力の循環には「相似通ったスガタ」、相似のパターンがあることから、こうして小さなスケールで成り立って初めて、もっと大きな場でもその在り方を活かしていけるのではないかと感じています。

10

サヌキアワ
四《ト》相《ヨ》のサトリ

サヌキアワ　四相（トヨ）のサトリ

人間もあらゆる生物と同じく、まず男か、女かの二相に大別されるが
その男、または女は、それぞれ保有するサヌキ量・アワ量の比率が異なっているから
それを抽象すれば、次の四相に分けられる。

「相似象学会誌」より

●**サヌキ男**…男性のなかでもサヌキ性の強い、リーダータイプ

●**アワ男**…男性だけれどもアワ性、女性性の豊かな、優しいサポート役

●**サヌキ女**…女性でもサヌキ性、男性性が強

く、ハキハキと前に出るタイプ

●**アワ女**…女性のなかでもおっとりとした、
アワ性の豊かなタイプ

カタカムナでは、この四つのバリエーションを「四相（トヨ）のサトリ」といいます。

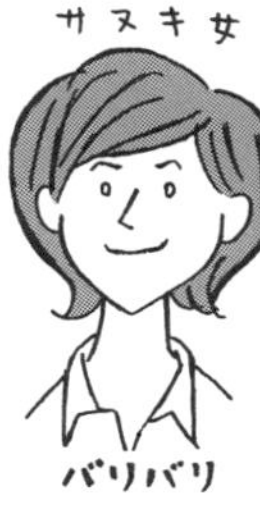

生き残りに必要な四つの相

この四つの相は、たとえばコミュニティや「部族」が生き残るために必要なバリエーションだとも捉えられます。その多様性があってこそ全体の存続が成り立つ、ということです。

今までの世の中は「サヌキ」の傾向にあったので、この四つのうちでは「サヌキ男」と「サヌキ女」が評価されている状態です。売上を上げている、一部上場だとか、フォロワー数が多いなどというのが数値化できる「サヌキ的な評価」として分かりやすいですね。

アワ型の女性たちというのは「感性の人」で、控えめで繊細な女性たちです。また極端にいえば巫女やシャーマンタイプの、見えない世界を扱う人たちだったりもします。彼女たちはまさに感覚的で、なかでもとくにサヌキが弱い場合、言語化する力はサヌキなので論理的に説明するのが苦手な場合もあるでしょう。アワ女さんたちはだいたい日常「アワアワ」していて、夫婦でロゲンカして負けるという例などは基本的にアワ女さんです。分析や解説が得意なサヌキ男さんに言いくるめられてしまうほうですね。

アワ女さんは「カンがはたらく女性」

古代ではと考えてみると、部族全体でいちばん大事なことは「生き延びること」です。そのためにいつごろの時期に狩りに出る、またどちらに移動し、しばらく生活するかなどが、おそらく肝心なことだったのではと思われます。

アワ女さんたちは「次の満月に、東」と直観します。根拠はなくともこれは正解で、アワ女さんたちは答えを知っている、いわゆる「カンがはたらくタイプの女性」ということになります。

たとえば文章を書く時点で、私は明らかに「サヌキ女」です。ただ、あくまで身体は女なので、そのアワ女さんたちとも共感することができます。「あなたが言うなら、間違いないね」と分かりますし、「要するに、あなたが言いたいことはこうでしょう?」と彼女たちの通訳のような役割をしたり、感覚をサヌキの質で言語化できると、「そうそう、そうなのよ!」と言ってもらえたりします。

サヌキ女も、やせても枯れてもアワは半分以上ある

サヌキアワのことを私が知って救われたのは、「身体が女であるということは、やせても枯れてもアワは半分以上ある」という学びです。むしろ順序としては、アワが51%以上あるから身体が女になったのだと考えてみると、関西ではよく言われる「中身オッサン」というのはあり得ないことになります。どんなにサヌキ女でも「中身は必ずおばちゃん」なはずだと知って、とてもホッとしました。

こうして私のようなサヌキ女がアワ女さんたちの通訳をして、「彼女はこう言ってます。彼女のカンは確かです」と言葉にすれば、はじめて伝達することが可能になります。そうしてそれに聞く耳を持ってくれるのがアワ男さんです。「次の満月に東、なんだね。女性

たちの間ではそういう話になってるんだ、そっかぁ」というふうに聞き上手な「アワ男」さんたちは、繊細で優しい男性たちです。対して「サヌキ男」さんは聞いてくれないのかというと、そうではなくて、サヌキのエネルギーは「外向き」なため、ただ忙しくて余裕がないのです。今の世の中で言うと、社長さんとか政治家さん、一般にリーダー的な立場にある方たちの戦う相手は、古代であればほかの部族や猛獣、災害、そのようなことだったと思われます。

全体が生き延びるための多様性

アワ男さんたちは優しいのですが、身体はあくまで男性なので、どう伝えればサヌキ男さんが動くかが分かります。サヌキ男さんたちには時間がないため、彼らに対してはデータを添付したり、簡潔にまとめて企画書一枚にしたりする必要があるでしょう。アワ男さんはたとえば、「彼女のデータはこのくらいの成果が出ていますので、次の満月に東に移動すれば、部族が生き残る確率が○%上がります」というふうに提案することができます。

こうして全体の四分の三の意見が聞き入れられ、リーダーの納得を得られたら、全体がそちらへ、より無事に動けることになりますね。リーダーであるサヌキ男さんたちは、イザというときには矢面に立ち、全体を守ろうとしてくれる人たちです。彼らはときに自分の身の危険をも顧みず勇敢に動いてくれる存在です。このようなサヌキの人たちがいないことには、自然や社会などが厳しい時代には部族全体を守ることができません。全体が成り立つ、生き延びるための多様性、とはこのようなことかと思います。

あくまで四相のバランスが大切で、サヌキの力ばかりが増えてしまうとイノチの方向性が見えなくなって暴走しかねず、またアワだけだと判断力や行動力が伴わず、堂々巡りにもなってしまうでしょう。今までは社会全体がサヌキに偏りすぎた時期でしたので、これからはアワの性質が多い人たちが自信とバランスを取り戻し、個々の内面でもサヌキアワを整えながら歩むときだと思います。

手足を使う、単純作業のくり返し

私は典型的な「サヌキ女」で、結婚して子どもを三人授かっても、夕食後にダンナさんや子どもたちがくつろいでいるときに、自分だけが離れて洗い物に立つことすら腹が立ち、納得がいかないようなタイプでした。ただもうそぐわない、板につかないのです。私にとって「母だから」「嫁だから」というフレーズは、残念ながらまったく説得力がありませんでした。ですから、家庭を持つ前に「直観力を養うには何がいちばん有効か」を教えてもらっていたことが、またとてもありがたかったことでした。

直観を鍛え、アワを養うには「手足を使う、単純作業のくり返し」だと教わりました。主婦の方は実感されているかと思いますが、家事や育児にはそのチャンスが満載です。もっと昔だったら、たとえば米や大豆を収穫して、ザルにあけた中から黒いものだけを一粒ずつ除けていくような手作業が、さらに限りなくあったことでしょう。

頭を空にするために身体を使う

雨が降る日は縄をなったり、つくろいものをしたり、もちろん大変だったでしょうけれども、移動も不便なその昔にたくさん歩き、手仕事をする暮らしそのものは「動の瞑想」のようだったのではないでしょうか。今でも歩く、踊る、など身体を使うような「動の瞑想」は、「頭を空にするために、身体を使おう」という実践ではないかと感じます。

私たちは今、便利な生活の恩恵を受けているので、昔に比べれば圧倒的に身体を使っていないはずです。そして思考を司るといわれる顕在意識は、潜在意識と比べると全体のわずか数パーセントしかないと言われますから、その頭で何とかひねり出す答えよりは、頭を空にして「手足をこまめに動かし、微振動を起こすこと」とカタカムナにはあります。手や足を動かしながら、淡々とおだやかな状態を得て、ふとした「ヒラメキ」を受けとれるようにするほうがよほど理に適っているんだ、ということを知りました。

潜在アワ量をめいっぱい活かす

このことを知って助かったのは、たとえばふつうに育児をしていれば、「さっき洗ったなぁ」と思いながらまた同じ子どものカップを洗うことはよくあることです。子どもが投げたオモチャをせっかく拾ってあげても、即、また投げられることも毎日のことでしょう。「サヌキアワのサトリ」を知らなければ、ただこの修行のようなくり返しを「今、アワが養われているのだ」と思えたことだけでも、私にとっては大きな違いでした。

またかろうじて、その毎日の積み重ねがなかったら、今、私がお話していることも実感をもって伝わらなかったのではと思うので、「サヌキ女」の自分がバランスを学べるように、アワを練らせてもらっていた時期がとても大切だったのだと実感しています。

自然界から教わるココロ

「潜在アワ量」というのはカタカムナ独特の言葉で、音だけで聴くと「洗剤の泡量」かと思ってしまうかもですが、ある意味ではまさにそうなのです。

泥んこの洗濯物もシャンプーでも、泡立つ分だけ汚れがよく落ちるものです。つまりは「せんざいあわ量」が豊かになれば、そこがより浄化された状態になるということだといえます。潜在アワ量の大きさは、サヌキアワで例えた木、そのものの大きさであったり、人としての器の大きさ、とも表現できるでしょう。

カタカムナでは植物と同じように「持てる生命力をめいっぱい使い、潜在アワ量を活かす」ということが生命の在り方だとされています。私たちが巨木をご神木と捉え、なんとなく敬意を感じるのは、彼らは百年、千年と生きて、年輪を重ねているためでしょう。今のところ、私たちは千年も生きられません。でも植物たちはいつも持てるアワ量をめいっぱい活かし、寿命をまっとうして生きています。

こうして自分自身の生命よりも、はるかに長く存在するものから教わり敬う心を持ち、それが暮らしのまわりに存在してくれることで安らぐ気持ちは、古代の心ではないかと思います。その心根はおそらく日本と同じく、各地のネイティブの人たちも共通して持っておられるもののように感じるのです。

女の人は元素にふれるチャンスが多い

ほかにも私が恵まれていると気づけたことは、昔ながらの女性の仕事は、基本的に「水」や「火」などの元素に触れる機会が、男性よりもかなり多いということです。炊事、洗濯、洗い物をするのもすべて、もちろんですが火や水を使い、日に何度となく「カ」と「ミ」に触れるわけです。土もそうで、土や砂、地面に足をアースすることが現代人にはとくに大事なことだといわれています。街なかでパソコンのお仕事などをされていたら、電磁波などの影響で、なおさらではないでしょうか。

大人になって仕事が忙しいと、たとえば「お砂場遊び」をする機会などはほぼないと思いますが、身近に小さな子どもや、またペットがいれば、必ずどこかで砂や土を触ることになるものです。子どもたちは土があれば掘り起こしますし、何かを拾い始めます。それは自分が小さい時の感覚が蘇る機会にもなるでしょうし、転ばないだろうか、何かを口に入れないかと、基本的に目線は下で「土の方向」になります。

しゃがんで話す、膝をついておむつを替える、またペットたちとであれば、彼らとコミュニケーションをとるということも、暮らす姿勢が土に近くなります。こんなふうにもともとは、生活自体が常に地に足がつき、グラウンディングできるようになっていたのではないでしょうか。

子どもたちも含めてほかの生命の存在と、こうして元素や大地とつながっていればいるほど、カタカムナでいう「生命カン」は失われにくいものなのだと思います。

アワは変動できるエネルギー

良くも悪くもアワは巻いているエネルギーですので、対象に「アワせて」変動することができます。

たとえば、私は人前でお話をするときはサヌキを立てている状態です。でも、家に帰って子どもが熱を出していれば、私は今度は相手の様子をみるアワのほうにまわります。また我が家には三姉妹がいますので、女子たちをまとめているときは、私は年齢的にリーダーとなりサヌキの役回りをつとめます。でも、そこにダンナさんが帰ってくると、ダンナさんはもちろん相対的にサヌキな存在ですので私は再びアワにまわります。

こんなふうにアワは文字どおり環境や人に「合わ」せることができるために、同時に「自分を見失いやすい性質」なのだと、我ながら体感していきました。

女性の生き方は変化を味わうもの

女性は人生の時期的にも、ホルモンバランス的な月のめぐりにも、まずアワにはバイオリズムなり、大小の揺らぎがあることを知ることが大切です。

その上で、たとえば私自身も自分に対してある程度、サヌキ的な冷静さや理知性を保てるようにすることで、ずいぶん楽に、生きやすくなれたように思います。もしも反対の男性の立場を考えれば、男の人たちは厳しい時代はもちろんのこと、現代に至るまで、家族を守り養う以外にほかの選択肢はほとんどなかったことでしょう。ただ今の女性であれば、フルタイム、パートにするか、おうちで起業したり、出産や介護でいったんお休みしたりとたくさん選択肢があるぶん、そのつど迷いがちになるものです。

ウズのまさに渦中に在るときは、方向性を見失いがちです。また自分自身の「サヌキの軸」とのバランスが養えなければ、まわりに振り回されてばかりのように感じられると思うのです。けれどもそれは、ある面では「選択肢が豊か」であり「変化が味わえる」ものなのだなあと私は少しずつ気づけていきました。つい不満を持ちがちな状況でも、それが辛いか幸せかは捉え方次第だと言いますが、私は具体的に、より大きな視点でみるために「サヌキアワのサトリ」を知ることができたのは、ほんとうにありがたかったと感謝しています。

「アワの自覚で根を張る」ということ

また、私は若いころはアメリカに留学したり、家出したりの「サヌキ女」でしたが、子どもを三人育てていた間、大体16年ほどは専業主婦でした。ときどきカードリーディングをしたり、農法を学びに行ったり、少しずつの動き以外、さすがに出張するようなお仕事はしていませんでした。ダンナさんは忙しく頑張ってくれていましたし、子育てだけでめいっぱいだった私は、ともかく家に居なくてはと思っていました。

ただ私ほどサヌキな性分であっても、社会的に何かを成し得ていない期間にも「自分は根っこなのだという自覚」を持てたおかげで、少しは落ち着いていられたと思うのです。カタカムナとサヌキアワの学びから「自分の充電によって、ダンナさんや子どもたち、家族の循環が成り立っている」ということを、はじめは知識としてだけですが知ることができました。でなければ、きっと私のような「サヌキ女」は家にじっとして居ることは無理だったはずです。

ちょうどスマートフォンの予備バッテリーがフル充電できているように、まずは自分自身が「心から納得して、その場に充実して在ること」が今思えば大切なことでした。そうして家族にも、その電気をできるだけ満たすことによって「家にいながら社会的な貢献もできる」という理解をまず持てたおかげで、少しは肚がくくれたように思います。

働く、働かないにかかわらず、どちらにしてもその場にあるアワが、自身の自覚を持って根を張れるほどに、そこから発生するものはよりイキイキするのだと思います。

「今、何にもしてません」

なぜそのようなことをお伝えするかというと、お話会などで自己紹介をしていただくときに、「今、何にもしてません」と言う女性たちがおられるからです。それは今までがどうしても「サヌキに偏った社会」だったがために、そのような表現になるのだと思います。たとえば主婦としての謙虚なお気持ちは分かりますが、考えてみれば、いわば収入がある人は「何かをして」いて、稼いでいなければ「何もして」いない、という基準だとしたら、それはとてもサヌキに偏った尺度です。じっさいに「何にもしてないんです」と言う方のお話をうかがうと、親御さんをケアされていたり、主婦として一家を切り盛りされていたりする場合もあります。またふと見ると、なんと妊婦さんだったりしますから、そのたびにびっくりします。「いやむしろ、今思いっきり細胞分裂してますよね？腎機能なんか100％以上働いてますよ！」と思わず熱を込めてお伝えしています。子育て中は、生命体としてはピークなくらいに働いているのに、今までのサヌキ社会では、「アワ的な活動」にはあまり価値を見い出されていなかったためでしょう。

私もそうだったと思うのですが、ママさんたちは今まさに「生命力そのものである『アワ』を鍛え生命を養っている」ことに、本質的な自信や自負を持てればいいな、と切に願っています。

アワは自分の価値を知らない

また、これは「自分にとって当たり前」なことのひとつであって、「日本語を話せる」ということへの自信とも同じ感覚だと思います。アワな性質の多い人にとって、自分自身に自信や誇りを持てるかどうか。当然だと思って毎日やっていること、すでに出来ていることに自覚を持てるかが大切なのではないでしょうか。

特に「アワな土壌」をもつ日本で、今までの男性的な社会の中での女性たちの働きに関する感覚はあまりにも謙虚でした。昭和のお母さんたちを例にとれば、あれほどのマルチタスクをこなしてきたのにもかかわらず、ともすればその苦しさが裏目に出て、鬱的になったり、アワの巻いている電気で堂々めぐりになってしまったりと、悲劇のヒロイン的に「酔う」こととなりかねません。アワは、お酒などが発酵するとき泡が湧くものであるように、「その世界に酔う」「浸りこむ」性質も、もっているからです。

日本には自己評価が低く、自分の価値を知らない昭和のお母さんたちが、まだまだたくさんおられます。良くも悪くもそのとき、お母さんの電気に巻き込まれるのは、いつの時代も子どもたちでしょう。

女性たちが自分の価値を知らないことと、私たちが当たり前に日本語の成り立ちと、それを自在に扱える価値を知らないこととは、とても似ているように思うのです。

カタカムナは「とても古くてとても新しいもの」

そうして今では、結婚しない、子どもを持たない選択をする方たちがとても増えています。これも時代の変化としておそらく自然なことで、結婚や育児は、いわゆる地道で地味な「アワな働き」がなくては成り立たないものだから、というのが理由のひとつではと思います。

たとえばサヌキな社会で、昭和までの家庭では、お母さんが一方的に大変そうだったことも多く、「結婚や育児にはなかなか良いイメージが持てない」という娘さんたちのお話もよくお聞きします。ただそのうえで、女性たちにとって現代のような時代は初めてなのです、ということもいつもお伝えしています。

あらためて考えれば、「結婚しても、しなくてもいい」「離婚しても、しなくてもいい」「子どもを産んでも、産まなくてもいい」「産んだ子どもが、男の子でも女の子でもいい」という世の中は、ここ何百年、何千年のうちで、また人類史上ほんとうに初めてではないでしょうか。もちろんとても幸いなことなのですが、こんなに選択肢があって、戦争も国家破綻も今のところなく、しかも世界一くらいに寿命の長い日本女性は、むしろ唐突に自由になりすぎて「生き方の前例」を失っているのかもしれないと思うのです。そのなかで今、カタカムナ、サヌキアワのことをお伝えしている理由も「とても古くて、とても新しい」普遍的なものだからではないかと感じています。

イザというときに大切なこと

ただ、これからの変化の大きい世の中には、一人きりで対応できることの限界もあると思います。私はそのこともまた、大震災のときに感じさせてもらいました。

そういった災害などの時には、たとえ銀行にお金があっても引き出せないものですから、お金は何の役にも立ちません。それよりも「あなたならいつでも泊まりに来ていいよ、当たり前でしょ！」と言い合えるような、深いつながりがあるかどうかのほうが、よほど大切なのだということを感じました。ですから、できうる限りおすすめしたいのは、血縁のあるなしに関わらず「イザというとき、安否確認をし合えるような関係性をもつ」ことだなあと思うのです。

もしも広範囲にわたって万が一のとき、あなたは誰に連絡をとり、反対に誰があなたの行方を探してくれるかを、具体的にイメージしてみれば参考になるかもしれません。言いかえれば、戸籍上の何かに限らず「時間をかけて積み重ねた、深い信頼で支え合える人間関係をもつこと」が何より大切なのだなと実感しました。

「自も他も活かす」イノチの方向性へ

先にお伝えした「50年先を考える」ということに関しても、血縁のある子どもを持つ持たないに関わらず、これは「次の世代へ与える影響力」のことを指しているのではとお話しています。

お仕事が何であれ、生きていくということは雇い主やお客さまをはじめ、クライアントや生徒さんなどと社会的なつながりを持つということにほかなりません。そこでは必ず何らかの影響力をお互いに及ぼしているはずで、ひとりひとりの影響力が、カタカムナで言うところの「自も他も活かす」イノチの方向性へ成熟していくことが望ましいはずなのです。これこそ草の根の「アワ的」な、本当に地道な話ですが、その小さな影響力がいずれは形となって50年先につながっていくのだと思っています。

たとえば地域のコミュニティや、これからさらに増えていくであろうシェアハウスなどの試みでも、個々人がより成熟した感受性であれば、血のつながりに依らない場合もサポートし合える可能性が高まると思っています。

生命力は創造力

「アワの生命力」とも表現される「性の栄養」、セクシュアリティの根源的なチカラは、生きる力そのものであり、無から有を生み出す「創造力」とイコールだともいえます。

今後の私たちは、パートナーシップや婚姻関係だけでなく、仕事の在り方やライフスタイルも、人類史上初かもしれない「人生100年時代」に突入します。まさにこれから前例のない時代で、自分らしく創造的に生きる、クリエイティブであることと、アワのチカラである生命力を活かしきっていくことは、同じ意味だと感じます。

アワ的な「生み出す」「導き、育む」エネルギーは、作品や商品を創造したり、お客さまやチームをおもんばかることや、プロジェクトなどを導き、育んでいくチカラと同じものです。ただ、方向が違えば諸刃の剣ともなるその大きなチカラを、潜在アワ量によって、いかに「イノチの方向性」へ使っていけるかが肝心なのだと思っています。

「次への影響力」を活かすこととは

たとえば知り合いの年配の女性は、事情があって、我が子をご自身の手で育てられなかったことを生涯悔やんでおられました。ところがその方は、名門の幼稚園を引き継ぎ、経営されていた方でもありました。彼女は長年をかけ、心を込めた園の経営を通じて、何千人もの園児さんたちと、数百名の保育者さんたちを育成され、世に出された方だったのです。昭和の頃の女性として、この事業と同時に我が子を手もとで育てるとしたら、ご家庭の事情もあいまって相当なエネルギーを必要としたことでしょう。

もしそうであったら、今で言うプライベートとキャリアとの板挟みで、彼女にとっては、とても大変な事業となっていたのかもしれないと思いました。この方のように、もし我が子がいたら成し得なかったほどのチカラを、より他が活かされるイノチの方向へ注がれる方は、これからもたくさんおられるのではと思います。持てる生命力である「アワ量」を、どのように「次への影響力」として貢献していくか。少子高齢化が進むとき、そんなライフスタイルが今後はさらに多様化していくのだろうと感じています。

循環が成り立つ曲線の世界へ

今までのサヌキの世界は直線で右肩上がりの世の中だったため、らせんを描かず、循環は成り立たない動きでした。ただこの先、行き詰まることがあれば、カタカムナの捉え方では「マワリテメクル」ことを示すように、曲線を描く立体であり、らせん構造の循環が「ヒフミヨイムナヤコト」のプロセスに当てはめれば成り立つのではと思っています。

八つの色がそろう多様性があればこそ、スパイラルの循環が「ヤタノカカミ」で満たされるように、物質はより安定し、安らぐことができます。それは個性の違うそれぞれの要素や興味、才能があってのものだと思うのです。料理が好きな人、服を縫うのが得意な人、野菜作りが好きな人、家を建てることが好きな人。子どもを産む人、子どもと遊ぶのが好きな人、教えることが得意な人、楽器を奏でる人、パソコン作業ができる人。いろんな人たちがいて、地域やコミュニティは成り立っています。

上下関係のピラミッド構造から、車座に「ワ」になるフラットな在り方へ、カタカムナが今の時代に知られていくことは、「こうすると循環型で成り立つよ」と、そのつど照らし合わせるための「最小モデル」なのではないかと思っています。

教育のこと・サヌキ評価からアワ評価へ

私たちが受けてきた教育、そしてこれからに関することもまた、いつもお伝えしています。このことも、長らく時代が男性原理で動いていたために、今までの学校では「サヌキの基準」に偏って測られてきました。

「どれだけ遠くまで投げられるか」「百個のうち何個暗記したか」「大きな声で発表できるか」など、おなじみのこれらはすべてサヌキな側面の評価だといえます。もちろんこれまでのような、教室で先生1人に子どもたちが40人もいる、みんなが忙しい時代には、感受性による「アワ的な評価」などできなかったのだと理解しています。

アワの評価というのは感性のことであり、そもそも測れないのですから、数値化できないものです。たとえば通知表でいえば先生が二～三行書いてくださるところに、「彼女がいると場が和みます」などと書いてあったり、もしくは一覧の項目で「協調性」のところに◯がついているなど、そんな評価しかできようがないのが「アワの質」です。

また、教室にゴミが落ちているとして、「先生、ぼくがこれを拾いました！」と積極的にアピールできるなら、サヌキ的に評価がしやすいでしょう。ところが、アワ的なお子さんであれば黙って拾い、むしろ目立つことは恥ずかしいので誰も見ていないところでそっと捨てるのではと思います。またゴミを捨てるなど、当たり前のことだと思って言いもしないでしょうから、もちろん先生からの評価もされようがないのです。

余裕のある世界でなければ読み取れないもの

たとえば、「みんなが帰ってから、水槽を掃除してくれてました」とか「お休みしてる子のところに、こっそりお手紙を持って行ってくれたみたいです」などという、表立って分かりにくいことは、まわりの大人に余裕があればこそ、ゆっくりと様子を伺い感じとれることではないかと思います。さらにそれを誰かに汲みとって響いてもらえてこそ、評価もされることでしょう。

ただ今の段階では、アワの傾向の強いお子さんたちであっても、表向きの目立った評価は、画一的に数字や表彰状でしか表されないものなので、数年過ごすうちに楽しくなくなってしまう側面もあるかもしれません。アワの傾向、つまり繊細で感受性が強すぎたり、それが長所としては評価されずに、むしろ抑えてしまうなど、こうして学校や就職に悩む場合もおそらく日本では男女関わらず、アワ性が強いことが理由として多いのではと思います。

「人を蹴落としてでも、点数や売上げを上げる」などということにそもそも興味がなく、意味を感じられない、という性質であることもあるのでしょう。

アワ型の子たちに聞いてみよう

もともとアワが強い土壌であり、アワ的な母国語を話すことを考えれば、トップ校に入る、優勝まで勝ち抜いていく、というよりは、「ギターを弾いていたい」「絵を描いてみたい」という性質のほうが比較的多いのではないでしょうか。ただこれから大切になることは、「アワはイノチの方向性を示す」のですから、じつはその子たちこそが、次に何をしていったらいいのかを「感受する力」を持っているはずだ、ということなのです。

非登校や不登校、また事故も多く起きたりしている今、学校が企業だとしたら、すでに倒産している状況だと聞きました。子どもたちや親御さんたちも多くがそのことを感じとり、すでに動き始めていますから、この数十年はきっと学びにも新しい選択肢がたくさんできていくでしょう。ですからもし、まわりに学校に行かなくなったり、おうちに引きこもったりしているお子さんがいらしたら、その機会があればですが、無理のない範囲でお話を聞いてみてもらえれば、とご提案しています。

新しい選択肢を創っていく

そうして可能であれば「君だったら、どんな場所を創ろうと思う？」と尋ねたりしてみてくださいね、とお願いすることもあります。「毎日どんな授業だったらめちゃめちゃ楽しいかな？」「時間割ってどうする？」「たとえばさ、どんな仕事だったら毎朝飛び起きて行くと思う？」と、もしかしたら、そんなふうに興味を持って意見を聞かれるだけでも何となく楽しくなるかもしれません。

これからは、今までの枠の中に答えのない、新しい感受性でコミュニケーションをとりながら試行錯誤していくときです。じっさいにフリースクールや動画での学習など、教育の選択肢はどんどん増えています。現状を批判するよりは、「枠外に選択肢を増やす」ということがほかの分野、農業や医療においてもたくさん生まれてきています。誰もが小さな糸口を身近に創っていける時代だとイメージしていますので、アワの豊かなお子さんたちには、今後ますます活躍してもらいたいと願っています。

理屈でなく、なんとなく気になるで動く

今の変わり目の時点で、まだよく分からないけれども新しい「ただピンとくるもの」、ライフスタイルや食のこと、セラピーや健康法などに興味を持たれる方は、ほぼ女性であるか、もしくはアワの豊かな男性のはずです。

エビデンスが充分でなかったり、今の段階で先行するのはもっぱらカンであり、直観で動かれているのでしょうし、カタカムナに興味をもたれることのように、「理屈でなくて、なんとなく気になる」、もしくは「なんとなくイヤ」なのであって、はっきりとした根拠はない段階かもしれません。ただ現代では生活環境や食べ物、ライフスタイルなど、いろいろな要因で、その直観力は男女限らず超古代の人たちに比べておおいに鈍っているといいます。それでも「子どもが生まれてから、食事が気になって」、または「ペットを飼うようになってから、洗剤に気をつけるようになりました」などというお話がよくあるように、自分と同じかそれ以上に大切に思える存在や、生命体である「野生」に触れることは、自然と感性をとり戻す、ひとつのきっかけとなるように思います。

「式」を後づけで勉強している

ほかにも私の場合のように天災や、あるいは病気を経験されたりすることから、イノチの揺さぶりを受け、本能的に「命の方向性」がはっきりしてくることもあるのではと思います。何が大事で、何が大事じゃないのかということを思い出していく過程が、それぞれにあるのかもしれません。

アワは感受する性質なので「答え」を知っています。ただ「式」が分からないのです。それはなぜなのかという根拠である「式」が、自分でさえ分からなくて知りたいから、いつも後づけで学びとっていくのだなぁと、これも我ながら思います。

ただ自分自身や子どものことでも、たとえば薬や治療法、注射について「飲ませないの?」「受けないの?」と誰かに言われたとき、なんとなく、では通らないこともあります。「こういう作用があって、こんなデータが出ています。このように検討した上で、私はこう判断しました」と伝えられること。これが言語化、可視化するという、サヌキの要素であり、「式が分かる」ということです。データや根拠もしっかりリサーチして、自分自身の考えを持ち、それを言葉として伝えられることは、2020年以降の教育、受験においても大きく変わってくる点でもあります。情報過多な時代の大人としても、アワ=感受性、サヌキ=

判断行動力の、どちらの要素もバランスがとれるとき、より生命は安定できるのだろうと思います。

サヌキ性の強い者
↓　自己を主張するよりも自分を反省し、相手の気持ちを察する「アワ」性を養う
アワ性の多い者
↓　正当に自己を自覚する判断力や理智性を鍛える

「相似象学会誌」より

サヌキアワ、男女が自然と違うこと

子育てでいえば、男の子の場合は、シンプルに「サヌキを伸ばす」ということに集中してもらえばよいそうです。やりたいことをとことんやる、ということであり、「サッカーしたい」「虫に夢中」「ゲーム作る」とか、とにかく気がすむまで突きつめる、ということ

ですね。

サヌキはあるところまでやると納得し、また「自分一人の力でできることは、自然と頭打ちになる」そうです。そのうちに、途中からは必ず反対の側面であるアワの力、コミュニケーション能力や人間力を養うことが必要になっていきます。会社を大きくしたり、チームで優勝を目指して勝ち抜いたりするためには、たしかに人材育成やチームワークなどが自然と必要になりますね。ですので、まずはとことんサヌキに集中することによって、成長していく性質であるそうです。

アワは、愛し愛される姿

いっぽう女の子の場合はやはりもう少し複雑で、つまり「優勝！」とか「成績トップ！」など、現代的に「数値化できる」サヌキの部分だけに集中してしまうとどうなるか、ということです。

男女雇用均等法の世代の私たちはこれをやりがちでしたが、イメージとしては、小さな植木鉢に大木を育てようとする感じなのです。気持ちは負けないにしても、女性の場合はきっとその木が倒れてしまうように、多くは身体を傷めてしまいます。女の人の身体は、おそらく子どもを生む機能のために、毎月毎月、整えやすい身体のしくみになっています。そのぶん「サヌキアワ」がアンバランスになると、気づきやすく変調が分かりやすいようにできているようで、たしかに頑張りすぎると、まず生理が遅れてしまうことなどはよく知られています。

カタカムナでいえば、女性の場合は根っこを養っておくことのほうが優先で、それはまさに「アワ」の部分のことです。「根っこを養う」とはどういうことかというと、カタカムナでは、「アワは、愛し愛される姿」だと表現されます。つまりプライベートが安らげること、愛する家族の理解やサポートを得られることですね。

もちろんご夫婦間やご両親との支え合いが土台となっていれば、社会的に動きやすくなることは実感されることと思います。また子育て中のママさんであれば、何よりも子どもたちがのびのびと、元気でいてくれることが前提となるでしょう。

自分自身の内側でのサヌキとアワのバランスが整う結果、愛する人たちとの循環があったうえでの「社会的な何か」というのが、きっと、アワには自然となじむ順序なのではと思います。

「サ」を「トル」とは違いを知ること

「イノチを活かす優先順位は、男女で違う」。このことは、男女の機会均等やフェミニスト世代の影響を強烈に受けていた私は、ほかの表現ではとうてい納得できなかったかもしれません。

カタカムナの伝える、「サヌキアワのサトリ」は「サ」を「トル」、違いを知るということでもあります。権利の主張や、過去への反動というよりは、そもそもの生き物として、おのずから違うということを厳然と伝えているからこそ、私自身はこの捉え方を受けいれることができました。いまだ実践中ではありますが、女性も自身が充電池である自負をもったうえで、本末転倒とならないように「愛し愛されることを土台とする」順序を、個人的にもずっと試してみています。

「アワ」の性質は味噌の発酵のように「醸すもの」であり、また十月十日の出産を急かすことは出来ないように、「待つ」ことも仕事のうちなので、たしかに時間はかかります。ただ身体のイノチの終わりを思うように長い目でみれば、女性はやはりそんなゆっくりな在り方のほうが結果的には安定して、変化に富んだ人生をも楽しめるのではないかと思うのです。

矛盾を行き来してアワを練る

男も女も同様に、自分の内なる「サヌキ性」と「アワ性」の平衡的発達が基礎であり、自身のアワ量の増幅にのみ、生命の救いがあるという点で、真の同権でありうる。

「相似象学会誌」より

「アワを養う」とは、カタカムナでは「正反の矛盾を行き来する」ことと教わりました。「あでもない、こうでもないと、とことん悩む力」だということです。安易なところで収めてしまうことをしないで、本質に沿うまで「しっかりと突き詰め、照らし合わせる」ということは、たしかに相当なエネルギーを必要とするものだと思います。

たとえて言えばご自身のアレルギー症状や、子どもさんがアトピー性皮膚炎の兆候があった場合には、いろいろな先生のところに行ったり、たくさん調べたり、いろいろ飲んでみたりされることでしょう。ところが症状がよくなった、という方たちに「それで、どうして改善したのですか」とお聞きしても、多くは「分かりません」と答えられたりします。じっさいのところ、「あれこれやっているうちに、いつのまにか良くなった」ことが多いのではないでしょうか。

サヌキアワのサトリで私が知って驚いたのは、「アワを練っている、行き来する行為じたいが大切」なのだということです。一つの正解を探す、というよりは、悩んで試行錯誤することそのものが、アワを養うのだ、というのです。私たちは受けてきた教育上、「ひとつの回答を見つける」ことが正解なのだと思いがちではないでしょうか。カタカムナ的な考え方は、右往左往して「悩む」ことそのものが人の器を養うのだと、心の道理を教わりました。

「次の誰かに、貢献できる分野」になる

そのように、「アワのチカラは、悩むチカラ」だともいいます。「アワの器」は、私のイメージでは子宮の卵膜や、透明なゴム風船のようなものです。そして思い悩み、ジタバタして

いるようすは、風船の中に居て、その内側から左右に体当たりして、打ち付けているような状態を想像するのです。

そうすると風船は打ち付けられたその部分が伸びますので、いつのまにか風船が大きくなります。それが「器が広がる」ということなのではないでしょうか。アワが養われた部分というのは、のちのち、お仕事場や身近な方から「こんな湿疹が出て、困っているの」と聞いたとき、「つらいよねぇ、分かるよ」「あそこの先生、優しかったわ」「この本、参考になったよ」などと、それはいつか、誰かの力になれる部分となるということですね。

悩んだところほど「アワが養われた分野」なら、恋愛や人間関係に悩んだり、介護や更年期の症状が辛かったり、不登校や就活に苦労した、そんなことがらはすべて「次の誰かに、貢献できる分野」になりうるのだと知りました。

バラつきとズレがあること

そんなふうに、私がイメージで思い描いている「アワの器」は、しゃぼん玉のような、薄いゴム風船なのですが、物理的には、その中には大小のいろいろな粒が詰まっている状態なのだと聞きました。

たとえばこの球体を、相似的に地球ぐらいに大きいものと捉えて、もしもそれが世界だと考えてみたときに、たしかに植物でも鉱物でも多種多様であって、サイズも大小存在するのが自然界です。そして存在にはバラつきがあるために、放っておくと自然と沈殿するのだそうです。沈殿すると必ず偏りが生まれ、偏りがあるがためにその球は回り始め、自転はそうして始まるのだ、と聞きました。

地球も23・4度の地軸のズレがあるといいますが、自転している球のさらには地軸もズレていることによって、なんとその球が公転を始めるのだと聞いてびっくりしました。

「この世にムダはない」と言うけれども、それは違うのだそうで、むしろ「ムダのおかげ」でこの世が存在できているのだというのです。反対に偏りやひずみ、ムラがなくなり、完全に均一になってしまうと、なんとその球じたいが消滅してしまうと聞いて、妙に腑に落ちたことを覚えています。物理的なことはよく分かりませんが、悟りを開けばこの世に用はないという、そんなイメージをもちました。

完璧さを目指す必要などはなく、むしろこの世に存在できるのは完全に均一ではないからこそで、さらにはもしかしたら、そのおかげなのだろうかと、とても救われたお話だったのでお伝えしています。

私たちはひとり残らず、生命カンが働いた祖先の子孫

私は地名に興味があるのですが、ニュースで観たことの中に、水害のあった場所にはもともとの地名は川、沼、谷、池など、水にまつわる名がついていた、ということがありました。たとえば「なみよけ」の石碑や、神戸にも「水が走る」と書く「走水（はしりみず・はしうど）神社」があったりします。氾濫などでそこを水が通り、再び荒ぶることのないようお祀りする場所であったり、「なみよけ」というのは「この碑までは波がよけられる」という史実を示していたりします。

そんなふうに先人の方たちが、その土地での過去の歴史を知らせてくれていることが、地名の歴史にはあります。私は地震に遭うために神戸に帰ってきたような感じですが、誰しもそんなふうにたまたま、そのときだけ実家に帰っていたとか、何だか予感がして飛行機を乗り換えて助かった、などということがあるといいます。それらは偶然というよりは、やはり虫の知らせ、「生命カンが働いた」ということでもあるのではないでしょうか。

こうして何万年もの年月を経て、今現在、生きている、存在している私たちは、それだけの生命カンが働いた、その人たちの子孫でしかあり得ない、ということを聞きました。そうでなければ今、存在できていないはずだということも、いつも覚えておきたいと思います。

11

書いてみよう！

カタカムナ文字の書きかた

カタカムナはもちろん文字なので、書く体験もつうじて親しんでいただいています。書き方のルールはとてもシンプルです。

●タテ・ヨコの線が重なるときは、２本の線が１本に統一される

●ここまでに紹介した基本の歌は、１つのマークにつき１つの音となっていましたが、ここからは１つの丸の上に、小さい丸を埋めるようにして重ねていきます。次の例１〜３をごらんください。

つまり「トキ」と「サトリ」は両方とも、丸に十字となります。きっと、「時間の概念が分かる」ことと、「覚醒する」ということは、同じ意味を持っているということだと思います。

【例1】

「マ」「リ」という2つの文字を1つの丸の上に重ねます。合わせると縦線が2本あるけれど、1本にして良いということです。

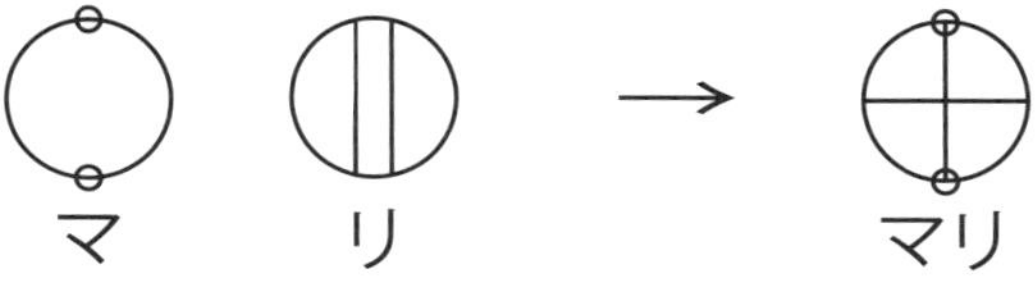

【例2】

「ト」「キ」はカタカナとよく似ています。「ト」と「キ」を重ねると、横線が多いけれども、丸に十字になります。

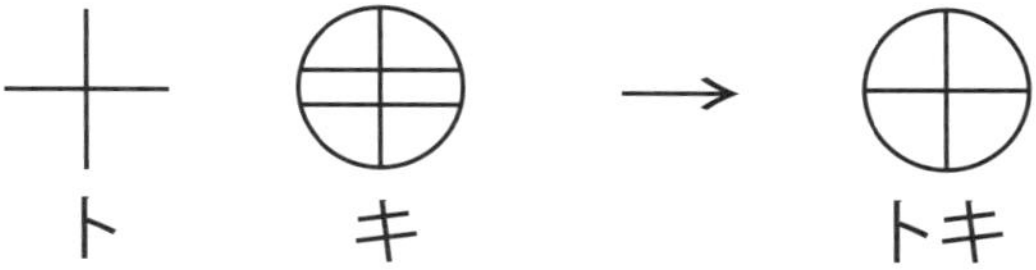

【例3】

「サ」「ト」「リ」は、こんどは縦線が多いのですが、これも同じように、丸に十字にまとまります。

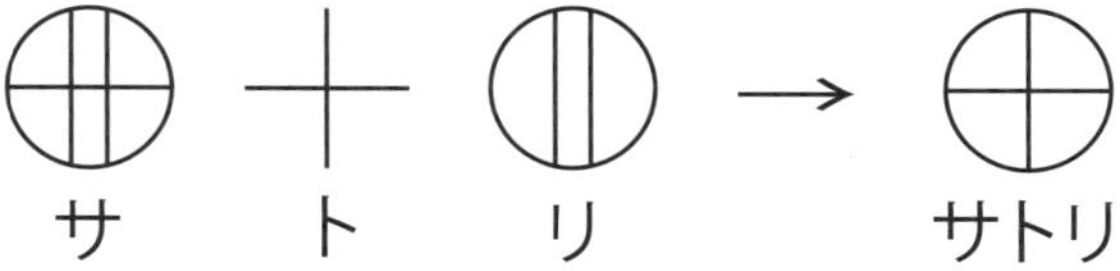

【例4】

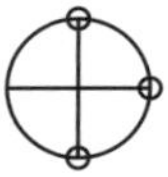

アマ、タカマ、アマヒ、マカタマ、アマナ、アキタマ、ナガラ、ミナカ、マサカ、ウチヒニ、カミナリテ

【例5】

ミチ、ミト、ミキリ、ウミ、ウタ、ウキ、タチ、トチ、ウラ

声音符の重ね合わせで同じ図象符になるものは、その意味が似ているか共通のものです。例4の場合、「アマ、タカマ、アマヒ、マカタマ」と何通りもの読み方がある、ということです。

「このウタの場合は、こう読みつける」と解読してくださったのが楢崎先生です。先生も後年、当時ほどの読み解きはできないというようにおっしゃっていたそうで、やはりその時は相当に直観を研ぎ澄ませて読み解かれたのだと思います。ただ日本語ではふだんから、濁音・半濁音をつける、音・訓どちらかで読む、送り仮名はつける・つけない、という複雑なことを自然に柔軟にしていますので、本来は出来ることだったのかもしれないと感じます。

「アマ、タカマ、アマヒ」は明るく高い音ですが、それと比べると、例5では「ミチ、ウミ、ウタ、トチ」と、深く広く長く続いていくようなニュアンスが、なんとなく感じとれると思います。

名前の響きを感じてみよう

「かきかたれんしゅう」を、お話会の「ひとつめ」ではいつもしてもらっています。これはお名前を書くことで、カタカムナ文字に親しんでいただくものとして、私はあまり解釈はしていません。お名前を書くことから、一音の理解がすすみ、またお名前の響きや、音を連ねたときの違いを感じてもらえればと思います。

たとえばですが、近所に「さきちゃん」という子と「ほのちゃん」という女の子がいるとしますね。さてイメージでは、さきちゃんと、ほのちゃんは、かけっこしたらどっちが速いでしょう。たぶん走るまでもなく、さきちゃん、だと感じますが、それはなぜでしょうか。

また、生まれる前にお名前を用意していたけれども、生まれて顔を見てから選んだ、変えた、というお話を聞きますね。生まれた赤ちゃんが「ゆうやくん」なのか、それとも「げんたくん」なのかは、お顔を見れば分かります。それも考えてみれば不思議なことです。

その子が、そのような響きをすでに発していることを、きっと親御さんなりまわりの人がなんとなく感じ取られたのではないでしょうか。こうして多くの場合、存在の響きやご家族の背景に応じて、お名前はつけられていたりしますので、書いてみてもらっています。

図象を合わせてみよう

私の友人は、カタカムナを実践している方とお付き合いしていて、「二人の名前を合わせたらヤタノカカミになった」ということがありました。それもあって「やっぱり、この人だ」となりめでたく結ばれて、今もとても幸せそうです。その学びのおかげさまで、我が家の子どもたちは三人とも、カタカムナの音をもとに名前をつけました。

我が家の場合は、私の下の名前とダンナさんの下の名前を合わせて、空いたところを埋める形で三人の名前をつけたのです。全員で八つの色の多様性がそろい、循環がよくなるようにという感じです。もちろん子どもの名前だけでなく、お店の名前やサロンの屋号を考えるときにも楽しいのではと思います。ヤタノカカミになるには、親友や、もしくは家族同然のペットのお名前を入れたら埋まった、という場合もあったりします。ひょっとしたら、必ずしも折り合いの良くない人を入れたら埋まるということもあるかもしれません。その場合、その人は自分にはない、違う要素を持っているということが分かりますね。

その違い、多様性があってこそ循環が成り立つのかも、というふうに見ていただいて、少しでもお付き合いが気楽になればと思います。また、たとえば従業員さんやビジネスパートナーさんは、もしかしたら家族以上に時間をたくさん過ごす人だったりするでしょう。どういう組み合わせで八つの循環が成り立つかを試しながら、カタカムナ文字に親しんでもらえればと思います。

名前を書いてみよう

●書き方は、お名前はだいたい2つ以上の音を合わせるでしょうから、丸に十字は、すでにあるものと考えます。

●小さい「つ」「や」は古典仮名づかいを参考に、大きいものとして書きます。

●濁音や半濁音は、解釈のしかたがいろいろですので、まずは、ないものとして、これも古典仮名づかいのようにして、書いてみましょう。

【例】私の名前の場合は「アキコ」なので、まず「ア」の小さい丸はどこにあるか、を探します。

①「ア」は1のところなので、そこに丸をつけます。

②「キ」はカタカナとほぼ同じ形です。私は重なるところは分かりやすいように、横線を強調して書きます。

③「コ」は2カ所に丸がありますので、1のところは、重なるので二重丸になり、8には一つの丸がつきます。

④これが「アキコ」という図象になります。

八つの小さい丸がどこにあるか、というのがポイントです。まずは試しに、ご自分の下のお名前だけを書いてみてくださいね。もちろん苗字と合わせてあなたの図象となるのですが、まずは下のお名前を書いていただいて、苗字とは分けておいたほうがご家族のぶんも分かりやすくなります。

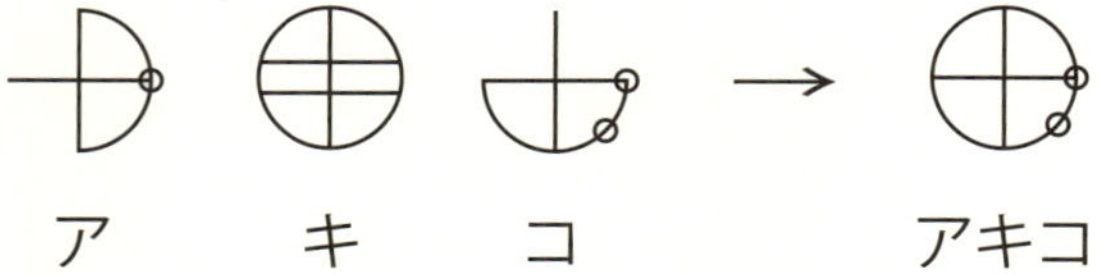

私は「アキコ」の文字であれば、個人的に分かりやすくするために、たとえばこんなふうに強調して描きます

それからダンナさん、お子さんやご両親のお名前や、旧姓だったらどうなるか、昔のパートナーの苗字はなど、興味がわくものをいろいろ書いてみましょう。

丸が多ければいいというものでもありません。たとえば、「ツネ」という音のあるお名前だと、「ツ」と「ネ」は小さい丸が4つずつあり、丸が多い音です。二音でぜんぶが埋まって、ひとりだけでもヤタノカカミになりますね。そうするとバランスは良いのだけれど、裏目に出れば自己完結して、他に誰も必要としない、というようなこともありそうです。あくまで良い悪いでなく、音の組み合わせにも陰陽の両面があるということです。

たとえば「リサ」というお名前なら、「さき」ちゃんと同じで、小円がまったくありません。ただ小円がない場合は、自分の芯や軸がはっきりしていて、方向性が限定されず、りりしく爽やかであり、フェアなイメージがあるなぁ、などと感じてみてくださいね。

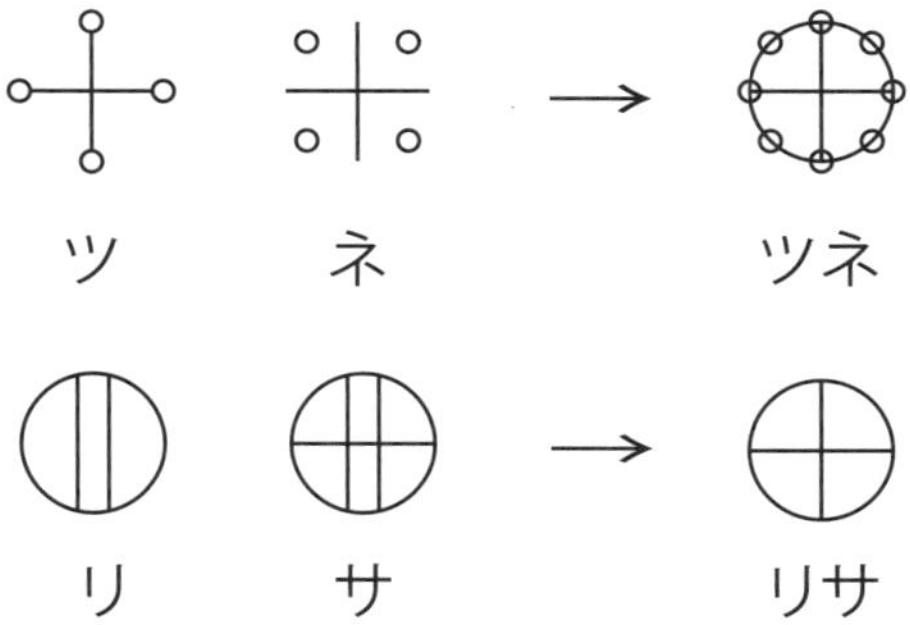

〈 お名前の図象を描いてみましょう 〉

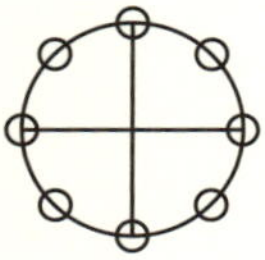

名前

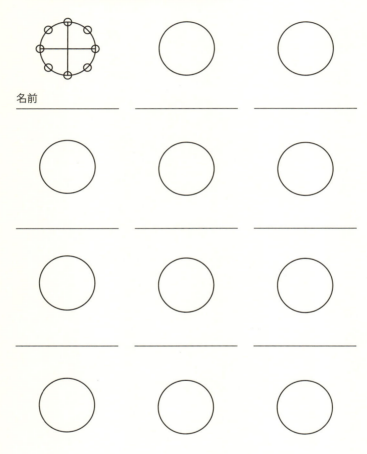

〈 四十八音　練習用　いちらん 〉

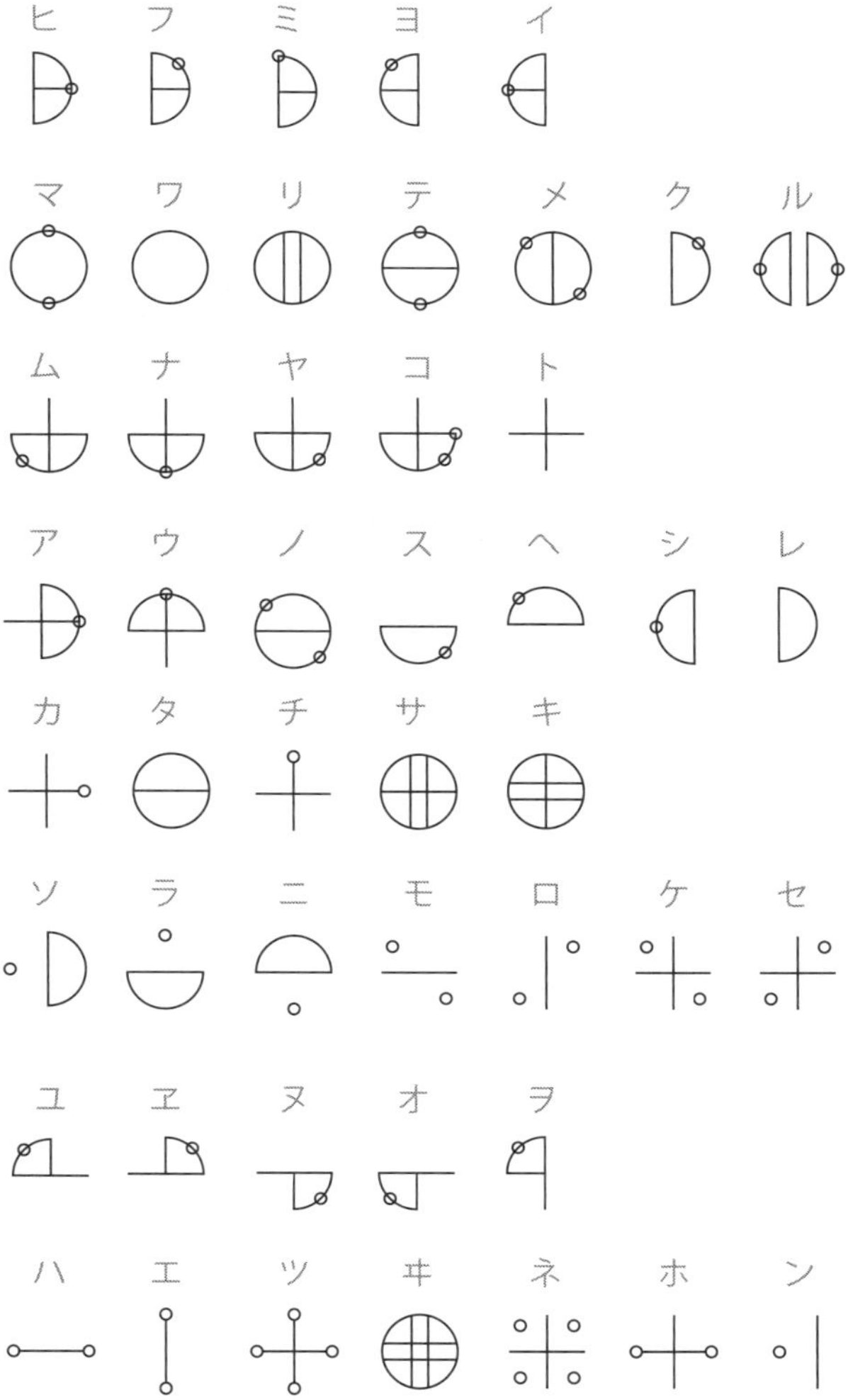
ヒ フ ミ ヨ イ
マ ワ リ テ メ ク ル
ム ナ ヤ コ ト
ア ウ ノ ス ヘ シ レ
カ タ チ サ キ
ソ ラ ニ モ ロ ケ セ
ユ ヱ ヌ オ ヲ
ハ エ ツ ヰ ネ ホ ン

一音の響きを分かりやすく

子どもたちが小学生のころ、ご近所で小さな英会話教室をさせてもらっていたことがありますが、同じだなあと感じたのは、子どもたちに教えるときは、やっぱりアルファベットから始めていたことです。それから単語を覚えて、文章ができてというように、カタカムナも一音の響きを知り、その組み合わせが言葉になりウタになる、という順序で学びます。たとえば「イ」と「マ」の思念を理解して、「イマ」が理解され、それがまた連なってウタになるので、まずは一音の理解が大切なのです。

私は自分で単語帳のようなものを作っていましたが、思念が限りなくある一音の響きがまとめられていて、私自身や小さい子にも参考になるものがあればいいなぁと思い、数年前にカタカムナの「かるた」を作りました。これなら親子で遊びながら、音に触れることができます。これからもそんなふうに、子どもたちとも言葉遊びを楽しんでいきたいと思っています。

次のページからは、四十八音のすべての音を紹介します。カタチをみて、音を声に出してみてください。きっと何か、感じるはずです。

四十八音のすべてのご紹介

ヒ・ひ・Hi

一つ ものごと の はじまり
始元の もの 暗いところ 玄
ヒビキ ヒソカ ヒカリ ヒト ヒラク
ヒメ クヒ ひっそり
東 日 陽 火 霊 氷 秘

フ・ふ・Hu

二つ に わかれて ふえる
ふっくら ふくらむ ふるえる
ふれる ふかい ふとる ふる
福 負 フラフラ ふっと

ミ・み・Mi

三つ なかみ ものごとの 実質
見えない けれど 感じる もの
水 実 身 味 美
イミ ミキ ミミ ミツ ウミ
満ちる ひとみ

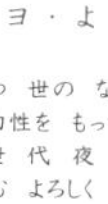

ヨ・よ・Yo

四つ 世の ならい 混沌
方向性を もって わき出る
世 代 夜 ヨイ よる
よむ よろしく ヨミカエル

イ・い・I

五つ　最初に　あらわれる
小さいもの　伝わるもの　意　位
勢い　イマ　イノチ　イキル　イブキ
イミ　イザ　イシ　イワ

リ・り・Ri

本体から　離れる　分離する
完了　本性　性質　理解
ナリ　フリ　ことわり
凛々しい　ハッキリ　利用
理　裏　立　律

マ・ま・Ma

宇宙の　はじまりの　ようす
時間　空間　間　真　魔
ちょうど　ハマル　もの
球空間　アマ　アらゆる　マ
ヤマト　マンマ　マコト

テ・て・Te

両方　うらおもて　に　出る
両面性が　あるもの
天気　電気　転機　放射　照らす
…して　経由　テコ　テラ

ワ・わ・Wa

無限の　チカラが　まとまりを
もったもの　輪に　なる　融和する
和　話　環　倭　我
ワク　ワタシ　わらう
割れる　わかれる　わかる

メ・め・Me

小さくても　見えない　ところに
拡がりが　あるもの
発生する　育つ　目　芽　眼　女
芽が　出る　めでたい　愛でる
メクル　メシ　メグミ　メオト

ク・く・Ku

見えない　チカラが
自由に　生まれる　引き寄る
クル　めぐる　くくる　くるむ
クモ　クサ　クニ　クヒ
ワク　アク　クラクラ

ナ・な・Na

七つ　成る　代表するもの
分身　くりかえし　定着する
核　七変化　ナヌシ　名前
ナギ　ナミ　ナカ　ナエ
ならう　なじむ　なつかしむ

ル・る・Ru

両方に　存在して　留まる
続いて　保っている　流
とまる　そこに　ある　成る
知る　スル　アル　イル　ワル
ソレル　クルクル

ヤ・や・Ya

八つ　飽和　安定　いっぱい
極限　ヤマ　ヤネ　ヤタノカカミ
ヤマト　ヤチヨ　ヤホヨロヅ
やっと　やすらぐ　やはらか
やれやれ　ヤミ　ヤム　ヤケ

ム・む・Mu

六つ　無限に　ひろがる
立体化して　出ようとする
無　夢　霧　虚　産す　蒸す
群れ　ムネ　ムシ　ムラ
ムカヒ　ムスヒ　ムツム

コ・こ・Ko

九つ 1+8=9 極限を 超え
変化を くり返して 転がり出る
小さい 個 子 濃 コト ココロ
コトバ コメ コエ コナ
くりかえし ココノヘ
凝る 凍る こねる 込める

ト・と・To

十 とけあう 統合される
トキと トコロの 重合 還元
…と… ヒト ヤマト トモ
トミ トシ トチ 止まる
閉じる 戸 ミコト マコト
とうとう ほっと とろける

ア.あ.A

感じるもの 在る 生命
あらゆる あまねく あらわれる
始まり あらたに 明るい
アマ 天 海 女 尼 雨 甘
アワ アカ アオ アメ アケ
アサ アシ アネ アヤ

ウ・う・U

うまれ出る さかいめ
ウミ 産み 生み 海 膿
ウヅ 上 植え 飢え ウソ
ウタ ウチ ウラ ウツシ
うなる うずく うかれる

ノ・の・No

のばす 延す 時間を かけて
…の 変遷する 野 脳 農
能 ノリト 飲む 乗る のち
退く のど のぞむ のろし
のっぽ のどか のんびり

ス・す・Su

一方へ進む 進行する
移行する スーッとする
好き 捨てる 吸う すぐ
すすぐ 擦る 素 酢 巣 砂
スジ すずしい 住む 澄む
統べる 滑る すくう

ヘ・へ・He

方向性を 示す 沿って 平行に
…へ　外側 平ら へさき
へり 辺縁 塀 スヘ ヘラ
七重八重 重なる べに へる
へこむ へんてこ へそ

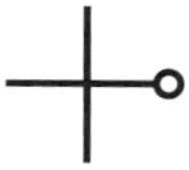

カ・か・Ka

始元の 無限の チカラ
目に 見えない 生命の 根源
天然自然の エネルギー
カン カタ カム カナ カミ カカミ
カネ カムカヘル カゼ カゲ

シ・し・Si

示す 静める 鎮める 沈める
止 しーっ しんしんと
詩 師 死 塩 潮 芯 式 下
シマ シロ シルシ しずく
しあわせ しなやか シラス

タ・た・Ta

おおもと から 分かれて
独立した ワから 分離した
結果 立つ 断つ 建つ 発つ
田 他 タマ タネ タミ
タチ 高い たたむ たまわる

レ・れ・Re

量や 勢い アレ ソレ どれ
はずれる コボレル カレル
知れ 去れ 取れ など命令
れい れっきと れんれんと
礼 零 例 霊 冷 麗

チ・ち・Ti

エネルギーが 持続して 在る
支えている 小さな 凝縮した チカラ
地 血 持 乳 父
千 知恵 ミチ チリ トチ
ちらす ちゃかす ちくちく

ソ・そ・So

ワクから 逸れる 外れる
そっと ソト ソラ ソコ ヘソ
そむく それぞれ そぞろ
素 祖 疎 沿う 添う

サ・さ・Sa

差 さえぎり 分けられた
…らしさ 違い 狭いすきま
裂く 咲く 柵 作 爽やか
サヌキ サッサと 先 様 沢 サラ
さかえる さがる 捧げる

ラ・ら・Ra

存在の場 あらわれる 露出
裸 カラ 空 殻 らく
クラ ハラ ムラ ツラ らせん
ゆらゆら 照らす らしさ

キ・き・Ki

サ から 発生する 起こる 気
生 木 起 聞く 効く
元気 天気 電気 空気
キリ キン きざし キラキラ
イキ ヒビキ トキ マキ

ニ・に・Ni

くりかえしの 圧力に よって
…に 定着する 煮る 似る
荷 ニク ニワ ニシ クニ
タニ そこに にぎやか
にじむ にっこり フトマニ

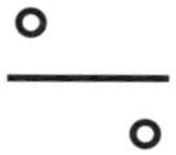

モ・も・Mo

海の　藻のように　ただよう　展開す
モノに　なる　ともなう　盛る
もろもろ　モヤモヤ　もののけ
…も　模す　燃す　もったり
モリ　モモ　イモ　モチ　モト

ロ・ろ・Ro

空間　抜ける　連なる
奥から　次々と　あらわれる
中空の　もの　炉　呂　露　絽
アオミドロ　ウツロ　こころ
コロコロ　おぼろ　いろいろ
トコロ　オノコロ　イヤシロ

ケ・け・Ke

放出する　あらわれる
モが　変化したもの　化
もののけ　消す　けむり
毛　けはい　蹴る　ケカレ
気高い　景色　気色

セ・せ・Se

せまく　出てくる　いきおい　瀬
背負う　引き受ける
狭　急く　せっかち　セキ
せせらぎ　せめる　カセ
競る　せわしい　せいせい

ユ・ゆ・Yu

湧き出す　湯　ゆらゆら　ゆらぐ
状態変化　湯気　ゆでる
夕　結う　幽　憂　ユミ　ユメ
かゆ　つゆ　ゆすぐ　ゆるす
ゆったり　ゆえん　ゆるやか

ヱ・ゑ・We

恵まれて 増える ユヱ チヱ
湧いてくる 理由 ほほヱむ
ヱみわれる 縁 絵 餌 穢
恵方 会得 描く 植ヱル

ヌ・ぬ・Nu

突き抜く 目には 見えぬ が
安定まで すすむ チカラ
ヌシ あらわれる 手前 ぬうっと
ヌマ ヌカ ヌノ
ぬすむ ぬう ぬる ぬくぬく

オ・お・O

大いなる 大もと 起こる
立体的に ひろがる または 凝縮する
敬語の 御
恩 音 親 奥 おかげ オホカミ
オニ おそれ 重い 思ひ

ヲ・を・Wo

オ から 発生して をさまる
…を もって …する
ヲサ 治める 修まる をわる
食(ヲ)す 愛(ヲ)し
尾 雄 をののく 惜し をかし
をがむ をわる をしへ

ハ・は・Ha

両方に バランスよく つながり
互いに 引き合う
はなれる 晴れる はじける ハッと
生える 映える 葉 歯 羽
端 波 ハシ 橋 箸 端
ハシラ ハナ はらう 春

エ・え・E

枝分かれして 成長する
時間が 経って 栄え 進化する
生える 映える 枝 江 悦
エラ エナ えらぶ えもの
卵が かえる えんえんと

ツ・つ・Tu

個々の 集まり つどう
のび ひろがった もの
ツガウ ツブ ツチ ツミ ツキ
ツルム ツツ ツラ
つくる つつむ つよい
津 ツユ つらなる つづく

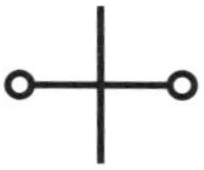

ホ・ほ・Ho

両方が 仲良く 向かい合う
引き離す ほれる さずかる
穂 ほほ ホラ ホネ ホス
ほんのり ほめる ほしい
ほぐす ほのぼの ホッと

ヰ・ゐ・Wi

ミナモト 存在 実在する
泉や 井戸のような 生命の 根源
重なる 鳥居の かたち サトリ
居 胃 遺 畏 委 敬 位
クラヰ ヰロリ カコヰ

ン・ん・N

かかる音を 強める 確認
発生させ たしかめる
持続して 存在している
位置を 示す うなづく
アン イン ウン カン

ネ・ね・Ne

根っこが 広がる 根拠 充電
充実する 満たす 根ざす
根 寝 音 値 眠る 練る
ネツ マネ フネ 願う 念
ねらう ねばる ねぎらう

おわりに

さいごに、この本を出版させていただけることになった不思議な経緯を少し、記しておこうと思います。

表に出てはいけないという、本来はとても難しい内容のカタカムナのことを、ざっくりと友人たちにお話することからこの流れは始まっていきました。私の思いはあくまで、カタカムナの本を手に入れて読んでみたけれど頭に入らない、という「アワ型」の女性たちを中心に、「入り口の担当」ができればという気持ちです。そうして数珠つなぎに連なっていくお話会にお呼ばれするうちに、聴きに来てくれた友人の尾辻かおるさんが、なんと個人的にテープ起こしをしてみたいと申し出てくれたのです。かおるさんはもともと、私も愛読していたご本の編集もされていた専門の方でした。そうして彼女はすぐに原稿に仕上げてくださったのですが、私はカタカムナについておそれ多い気持ちが強すぎて、ありがたくも本の体裁にまで仕上がった原稿を見ては怖くなり、何年かそのデータを持ったままでした。

その後また、お知り合いからのおすすめということで株式会社ＢＡＢジャパンの編集者である林亜沙美様より雑誌掲載のお話から、本にするご提案をいただき、データで持っていたかおるさんの原稿から整えていくことになりました。それからまた数年をかけるうち、出会いをつうじて「ことだま師」水蓮さんにご協力いただいたりと、多くの方々のお世話になっています。ほんとうに、どなたかのおすすめやご厚意がなければ、どのご縁もありませんでした。この場を借りて深く御礼を申し上げます。

あらためまして今現在、私たちが触れることのできるカタカムナは、解読してくださった楢崎皐月先生、たくさんの言葉にして唯一の手がかりを残してくださった宇野多美恵先生のおかげにほかなりません。またそののち学ばせていただいた多くの先生方、原稿をお目通しくださった相似象学会にいらした先生をはじめ、先人の方々の読みほぐしやヒラメキを今もいただけていることに、心から感謝しております。先生方のご理解やお考えに及ぶはずもありませんが、少しだけでも「歪まず伝わる」ことができたら、と願います。

また、何よりも2012年から今に至るまで、お話会を主催したりサポートしてくださった方々に感謝をお伝えしたいと思います。私は勝手にその方たちを「シスター」「ブラザー」と呼んでいますが、子育て中のご自宅のリビングで、ご近所の神社やお寺さんで、カフェやサロンで、カタカムナとサヌキアワを語らせてくださり、ほんとうにありがとうございました。そしてその間待ってくれていて、なんとか無事に大きくなってくれた子どもたちと、最大の理解者である夫、それからお留守番の母や友人の待機と助けがあればこそ、動くことが叶いました。

カタカムナ文字は、私たちが毎日話し、聞き、読み書きしている日本古来のルーツのひとつです。ほんの入り口ではありますが、そのどこかに響いて知ってもらえるきっかけとなればうれしく思います。またお話を聞いてくださった方々や子どもさんたちのなかには、カタカムナ文字に触れていただくと、夢中になって描き始めてくれたり、新しい遊びを思いついたりということもあるようですので、これからの展開がますます楽しみでもあります。

私たちの母国語のルーツの可能性と、そのコンセプトのユニークさ。そして「サヌキアワ」のサトリを知って、日々が少しでもらくに、楽しくなる女性たちが増えますように。女性たちが幸せになる学びが高まれば、そのアワに包まれる男性方や子どもたちは安泰なはずです。

令和元年、あたらしいみちひらき、あけわたしとなりますように！

敬意と感謝を込めて。

板垣昭子

著者・板垣昭子　Akiko Itagaki

日本全国、海外で「カタカムナお話会」が広まり、受講者数は１万名以上。大学留学中、アメリカやカナダで日本語と似た言葉に出会い、言葉が持つ響きの世界に興味が向かう。阪神淡路大震災で被災し、心理学、各種セラピーを学ぶ中、カタカムナと出会う。結婚後、三児の水中出産や子育て、パートナーシップにカタカムナを活かす暮らしを実践。ネイティブ・アメリカンのストーリーテリング通訳、小学校外国語指導などを行いながら、20年以上カタカムナに親しむ。2012年頃からお話会がスタートし、古代の叡智と心理学をつうじて恋愛、子育て、パートナーシップが楽になる在り方を伝えている。「天然おんな塾」主宰。

【カタカムナ オリジナルグッズ】

カタカムナのかるたや下じき、クリアファイルの情報は下記よりご覧ください。
SHOP）https://sanukiawa.theshop.jp
今後の「お話会」の日程などは、ブログなどからご確認ください。
ブログ）https://ameblo.jp/pamahahimi

【引用文献リスト】

『潜象物理研究　相似象学会誌「相似象」』創刊号～
楢崎皐月　宇野多美恵　相似象学会事務所
『潜象道シリーズ』関川二郎　潜象道研修塾
『カタカムナへの道』潜象物理入門
関川二郎　稲田芳弘編　株式会社 Eco・クリエイティブ
『超科学書「カタカムナ」の謎』深野一幸　廣済堂出版
『未来の学力は「親子の古典音読」で決まる！』松永暢史　ワニ・プラス

にほんごってすごい!

はじめてのカタカムナ

超古代文字が教えてくれる
サヌキ【男】アワ【女】しあわせの智恵

2019年12月16日　初版第1刷発行

著　者　　板垣昭子
発行者　　東口 敏郎
発行所　　株式会社BABジャパン
〒151-0073 東京都渋谷区笹塚1-30-11 4F・5F
TEL 03-3469-0135　FAX 03-3469-0162
URL http://www.bab.co.jp/　E-mail shop@bab.co.jp
印刷・製本　中央精版印刷株式会社

ISBN978-4-8142-0250-8 C2077

■ Illustration／Chiharu Watanabe
■ Cover Design／Shoji Umemura
■ DTP Design／Shimako Ishikawa

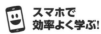

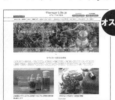